보여주는 설교

보여주는 설교

지은이 최 식
발행인 최 식

2012년 3월 28일 1판 1쇄 발행
2016년 9월 10일 2판 1쇄 발행
2022년 6월 15일 3판 1쇄 발행

발행처 도서출판 CPS
등 록 No. 112-90-27429
주 소 경기도 남양주시 다산중앙로82번길 48
전 화 031)558-1025~6
팩 스 031)574-1027
홈페이지 www.cpsbook.co.kr

ISBN 979-11-88482-13-9
값 17,000원

ⓒ 판권 저자 소유
이 책의 일부분이라도 저자의 허락 없이는 무단 복제할 수 없습니다.

The Core of the Perspective Preaching

최 식 지음

보여주는 설교

CPS 관점설교 시리즈 **1**

프롤로그

설교자는 설교 전문가입니다

　설교자는 설교 전문가(Expert)입니다.
　지당한 말이지만, 대부분의 설교자들은 설교 때문에 힘들어하고 설교 때문에 한 주간 내내 짓눌려 살아가고 있는 게 현실입니다.
　언제부터인지 이런 설교자의 모습은 당연한 것처럼 여겨졌고 성도들 또한 목사님은 설교 때문에 힘들어 하시는 분이라고 인정하는 오늘의 현실이 안타깝습니다. 언제까지 이렇게 설교를 해결되지 않은 숙제처럼 부담스럽게 안고 살아가시겠습니까?
　설교에 대한 근본적인 문제를 해결하지 않으면 이런 부담은 언제까지나 계속될 것입니다.
　근본적인 문제란 설교자가 본문을 선택하고 그 본문을 통하여 하나님이 전하고자 하시는 목적을 찾아내어 그 목적을 청중의 관점과 설교자의 관점으로 설교를 진행하는 능력을 갖추지 못한 데서 오는 문제를 말합니다. 이 근본적인 문제가 해결 되지 않기에, 설교자는 늘 다른 사람의 설교집이나 주석, 자료들을 의지하지 않으면 설교를 할 수 없는 한계를 벗어날 수 없었습니다.
　필자는 34년 동안을 목회하면서, 신학교에서 십 년이 넘도록 학생들을 가르쳐 왔고, 국내 외 800여 교회들을 다니면서 부흥회를 인도하는 동안 이런 문제들을 고민하는 설교자들을 많이 만날 수 있었습니다.

 그래서 이런 문제들을 고민하는 설교자들과 함께 하는 심정으로 "CPS 보여주는 설교학교"를 개설하고 17년간 설교자들을 섬기 며 이 고민을 함께 해결해 왔습니다. 그리고 보다 더 많은 설교자 들과 함께 하려는 심정으로 펜을 들었습니다.

 이 책을 통하여 설교자에게 가장 중요한 관점을 보는 눈이 열려서 자 신만의 설교를 만들고, 프레임의 기능으로 설교를 진행하는 예지가 모든 설교자에게 주어지기를 간절히 소망합니다. 이 책을 읽으시는 동안 성경을 곁에 두시고 함께 고민하면서 설교에 대한 새로운 패러다임을 갖는 기회가 되기를 소원합니다.

 하나님의 크신 은혜에 감사하며 모든 영광을 주님께 돌립니다. 그리고 지난 시간 동안 "보여주는 설교학교"를 아끼고 사랑해 주신 모든 설교자님들께 감사드립니다. 늘 곁에서 큰 힘이 되어주시는 CPS 동문 목사님들과 특별히 이번 개정판을 위하여 정성을 쏟아주신 들소리신문사와 양승록 편집장님께 깊은 감사를 드립니다.

2022년 6월
CPS 설교학교에서 최 식 목사

CONTETS

프롤로그

제1장 설교의 3요소
1. 설교란 무엇일까요?	13
2. 설교의 3요소	13
1) 읽기	13
2) 쓰기	15
3) 말하기	16
3. 결론	17

제2장 듣는 자 편에서 설교하라
1. 설교의 주체는 하나님이십니다	21
2. 청중을 대할 때 영적인 부분만을 고집하지 마십시오	21
3. 예수님은 청중 속으로 오셨습니다	22
4. 설교자는 청중의 필요를 알고 설교해야 합니다	23
1) 가정환경	23
2) 질병	24
3) 경제	24
4) 학력	25
5) 연령별, 직업별, 지역별 분류	25

제3장 숨겨진 여백을 찾아라

1. 설교자는 말로 전하지만 청중은 귀로 듣고
   눈으로 보고 싶어 합니다 — 31
2. 지켜야 할 몇가지 원칙이 있습니다 — 32
3. 성경을 추론해야 하는 부분은 두 가지입니다 — 34

제4장 좋은 그릇에 담아서 주라

1. 설교를 어떻게 준비할 것인가? — 45
2. 설교자가 좋은 그릇(프레임)을 가지면? — 47
3. 다섯 가지 기본적인 프레임 — 48
   1) 다섯 가지 기본 프레임의 기능 — 49
   2) 각 프레임의 기능과 역할 — 49
      F1 – 청중의 마음 열기 — 49
      F2 – 성경(본문) 문제 제기 — 54
      F3 – 성경(본문) 문제 해결 — 60
      F4 – 현 청중의 문제와 해결 방향 — 67
      F5 – 결단과 축복 — 73
   3) 프레임 설교의 실제 — 78
      내 이름 아시죠 (누가복음 19:1~10) — 78
      죽으면 죽으리라 (창세기 17:9~14) — 85
      3일간의 여행 (창세기 22:7~12) — 94

Perspective Preaching

제5장 하나를 분명하게

1. 모든 설교자에게는 똑같은 욕심이 있습니다   109
2. 어떻게 본문을 목적 중심으로
   하나를 전달할 것인가?   111
3. 본문의 관점(핵심)은 하나만 있는 것인가?   112
4. 하나님의 목적, 즉 핵심적인 관점을
   쉽게 찾는 방법은 없을까?   118
5. 무엇이 신앙적인 관점일까?   118

제6장 하나님을 드러내라

1. 설교자가
   선포해야 할 가장 중요한 것은 무엇일까요?   127
2. 무엇이 하나님의 목적일까요?   127
3. 어떻게 하나님의 목적과 방법을 드러낼까요?   137

The Core of the

제7장 청중을 움직이라
1. 설교의 목표는 무엇일까요? 151
2. 어떻게 적용할 것인가? 152
3. 어떻게 결단하게 할까요? 165

제8장 설교 만들기
- 어리석은 자 (시 14:1-7) 178
- 편지 (고후 3:1-5) 179
- 나실인(삼손) (삿 16:15-22) 180
- 잊어버리다 (창 40:9-23) 181
- 물고기 뱃속에서 (욘 2:1-10) 182
- 보시고 (막 12:41-44) 183
- 가서(떠나다) (눅 15:11-24) 184
- 돌리지 마옵소서 (행 7:54-60) 185
- 나사렛 사람 (마 2:19-23) 186
- 세례요한(죽음) (마 14: 3-12) 187

Perspective Preaching

The Core of the

Preac

보여주는
설교

제1장

설교의 3요소

설교란 무엇일까요?
설교는 읽기, 쓰기, 말하기입니다.

예수께서 이 첫 표적을
갈릴리 가나에서 행하여
그의 영광을 나타내시매
제자들이 그를 믿으니라
(요한복음 2:11)

1. 설교란 무엇일까요?

설교자에 따라서 다양한 정의를 내릴 수 있겠지만, 굳이 사전적인 정의를 빌리지 않아도 설교는 읽기, 쓰기, 말하기의 행위라는 정의에 누구나 공감할 것입니다. 이 세가지 행위가 이루어져 야 설교자가 설교를 진행할 수 있기 때문입니다.

2. 설교의 3요소

1) 읽기

성경 본문을 읽고 그 내용을 파악하는 것이 설교의 시작입니다. 성경 전체는 목적을 가지고 독자들에게 주어졌습니다. 그 목적을 설교자가 읽어내야만 그 본문이 의도하는 목적대로 설교를 이끌어 갈 수 있습니다. 만약 설교자에게 본문을 읽어내는 능력이 없다면, 본문의 목적과 관계없는 설교를 하게 되거나 본문과 상관없이 설교자의 주관대로 설교할 수밖에 없을 것입니다.

본문을 읽어 내기 위해서는, 우선 하나님께서 본문을 주신 목적 을 찾아내는 눈을 가져야 합니다. 이 눈을 "관점"이라고 합니다. 이 관점으로 설교자는 본문이 기록될 당시 그 시대에 하나님께서 그 말씀을 주신 목적과 오늘 이 시대 우리에게 여전히 이 말씀을 주시는 목적을 찾아 설교해야 합니다. 성경 전체는 하나님의 목적으로 기록되었기에 설교자가 이 목적을 볼 수 있는 관점을 가질 때 비로소 그 설교자는 하나님의 소리를 제대로 낼 수 있게 됩니다.

본문 안에는 하나님의 목적이 들어 있습니다.

요한복음 2:1-11절의 가나 혼인잔치의 모습을 들여다 봅시다.

이 본문을 통하여 하나님이 드러내시려는 목적이 분명히 있습니다. 설교자는 그 목적을 찾아 그것을 설교의 핵심관점으로 삼고 설교해야 합니다.

본문을 읽어보면, 이 본문은 두 가지의 관점을 뚜렷하게 드러내고 있다는 것을 우리는 알게 됩니다. 하나는 혼인잔치가 절정에 이르는 결정적인 순간에 포도주가 떨어진 것이고, 또 하나는 그 위기를 대처하는 방법으로 물을 포도주 잔에 채우라는 명령입니다. 이제 이 두 가지를 놓고 조금 더 생각해 봅시다.

하나님께서 이 본문을 주실 때 과연 포도주가 떨어진 문제를 다루려고 하셨을까요? 아니면 빈 잔이 예수님을 통하여 채워지는 것을 다루려고 하셨을까요? 한 본문에 만약 여러 개의 관점들이 보인다면 그 중에서 설교자는 보다 더 핵심적인 관점을 선택해야 합니다.

이 본문에서는 누가 봐도 포도주가 떨어진 문제보다는 포도주 잔에 물을 채우는 관점이 더 핵심적인 포인트라는 것을 알 수 있습니다. 빈 잔이 예수님의 말씀으로 인해 채워지는 것을 통하여 그 시대와 오늘 우리에게 하실 말씀(목적)이 있다는 말입니다. 그렇다면 이 본문의 관점은 "채우라"입니다. 어디에 무엇을 "채우라"는 것일까요?

핵심 관점은 "항아리에 채우라"가 아닙니다. "항아리의 물을 떠다가 연회장의 빈 잔에 채우라"입니다. 이 "채우라"의 관점으로 본문을 읽어야 설교를 이끌어 갈 수 있습니다.

이처럼 "읽기"는 설교의 3요소 중 최우선적으로 생각해야 할 기본 요소입니다. 읽기를 위하여 하나님의 목적을 중심으로 본문의 핵심을 찾아내는 "관점 찾기" 훈련을 지속적으로 해야 하는 이유가 여기에 있습니다.

2) 쓰기

설교는 말로만 하는 것이 아닙니다. 설교문을 작성하는 것도 빼놓을 수 없는 중요한 부분입니다. 청중을 설득하기 위해서 전달하고자 하는 내용을 논리적이고 조직적인 문장으로 만드는 것이 쓰기이기 때문에 '쓰기'에서는 논리적인 요소를 점검하는 것이 중요합니다.

좋은 문장을 만들기 위해 가장 먼저 생각해야 하는 것이 틀(구조)입니다. 어떤 구조를 가지고 내용을 만들 것인가를 생각해야 한다는 말입니다. 일반적으로 설교자들이 많이 사용하는 3대지 설교도 사실은 하나의 구조를 지닌 설교입니다. 서론, 본론, 결론의 직선 논리를 그 틀로 삼고 있기 때문입니다. 이 구조, 즉 틀이 설교를 들리게도 하고 안 들리게도 한다는 것을 명심해야 합니다. 쓰기를 잘하려면 설교 자가 반드시 분명한 틀을 가져야 합니다. 이 구조에 대한 부분은 후반부에서 좀 더 자세히 다룰 것입니다.

쓰기를 위해서는 문장을 구성하는 문법적인 기본을 익히고 표현을 적절하게 사용할 수 있도록 좋은 글을 많이 접하는 것이 큰 도움이 됩니다.

3) 말하기

설교는 언어 즉 말을 통하여 전달이 됩니다. 설교자에게 전달의 기능과 기술은 매우 중요한 문제입니다. 설교자가 전달하는 바를 청중이 정확히 들을 수 있도록 전달해야 설교의 결과를 기대할 수 있기 때문입니다.

말하기는 보통 크게 두가지 종류로 나뉜다. 하나는 스피치(speech), 즉 말하는 법입니다. 정확한 발음과 적절한 어휘, 말의 고저 장단을 의미합니다.

또 하나는 커뮤니케이션(communication)입니다. 설교는 일방적으로 이루어지지 않습니다. 설교방식은 일방적이라고 할 수 있지만 엄밀히 말해서 설교는 의사소통, 즉 쌍방으로 이루어지는 행위입니다. 설교자의 설교를 듣는 청중이 그 시간 그 자리에서 반응함으로 설교전달에 대한 결과를 다시 설교자에게 알려주기 때문입니다. 말하기, 즉 전달을 잘하려면 현장을 읽어내는 능력을 키워야 하는데, 그 능력이란 바로 설교자가 현 청중의 반응을 고려하면서 설교를 진행하는 능력을 말합니다.

설교자마다 자신의 설교 전달을 방해하는 요소들 몇가지 정도씩은 알고 있습니다. 그렇다면 자신의 약점을 찾아서 집중적으로 고치고 다듬는 피나는 노력이 필요합니다.

그 중에 한 가지만 예를 들어 봅시다. 설교원고에 집착하는 설교자를 상상해 보십시오. 말하기는 의사소통을 위한 것인데 설교자가 원고에 얽매여 청중의 반응을 고려하지 못하고 원고에서 눈을 떼지 못한다면 더 나은 설교의 결과는 기대하기 어려울 것입니다. 설교자는 충분한 연습과 준비를 통하여 과감히 원고를 버리고 청중과 호흡을 함께 하면서 설교해야 합니다.

3. 결론

설교는 읽기, 쓰기, 말하기입니다.

기본을 무시하면 반드시 후회하게 됩니다. 설교의 A, B, C가 위대한 설교자를 만들어 줍니다.

The Core of the

Preac

보여주는
설교

제2장

듣는 자 편에서 설교하라

청중 안에 들어가 본 설교자만이
청중의 생각, 감정, 삶의 모든 것을
설교자의 언어가 아닌 청중의 언어로
이야기 할 수 있게 됩니다.
설교의 수준(Level)은 낮추되
설교의 질(Quality)은 높여야 합니다.

예수께서 대답하시되
진실로 진실로 네게 이르노니
사람이 물과 성령으로 나지
아니하면 하나님의 나라에
들어갈 수 없느니라
(요한복음 3:5)

1. 설교의 주체는 하나님이십니다.

설교의 주인이 하나님이시기에 설교의 권위도 하나님에게서만 나옵니다. 그러나 설교를 들어야 할 대상은 하나님이 아니라 청중입니다. 청중이 들을 수 있도록 설교하지 않으면 아무런 소용이 없습니다. 설교자는 청중의 모든 것을 알고 그들이 잘 들을 수 있도록 설교해야 합니다.

일반적으로 설교를 듣는 대상자들, 즉 교회 안에 앉아 있는 자들을 성도라고 부르지만 우리는 이들을 조금 더 세분화 할 필요가 있습니다. 청중이 교회당 안에 설교를 듣기 위해서 앉아 있기는 하지만 그들 모두가 성도들은 아니기 때문입니다. 그 가운데에는 불신자도 있을 수 있고, 타종교에 관심을 가지고 있는 자들도 있고, 이제 막 예수님을 영접한 초보 신자, 성장 단계에 있는 자, 상당한 영적 체험을 가진 자, 장로와 권사 같은 중직자들도 있습니다.

이들 모두가 설교를 들어야 할 또는 듣고 있는 대상자이기에 필자는 이들을 성도라는 특별한 명칭보다는 일반적인 청중이라 부르는 것이 더 타당하다고 생각합니다. 설교 한 편을 이렇게 다양한 사람들이 듣고 있습니다. 이러한 사실을 인지하고 설교자가 청중의 다양성을 고려하며 설교하는 것이 '듣는 자 편에서 설교한다'는 말의 의미입니다.

2. 청중을 대할 때 영적인 부분만을 고집하지 마십시오.

설교자가 청중을 전인적으로 대하려고 할 때 그들에게 일어나는 모든 것에 관심을 가지게 되고 이것을 토대로 설교할 때 비로소 설교자는 청중과 만나게 됩니다. 청중에 대한 전인적 관심은 설교자를 청중 안으로 들어가게 하고, 청중 안에 들어가 본 설교자만이 청중의 생각, 감정, 삶의 모든 것을 설교자의 언어가 아닌 청중의 언어로 이야기 할 수 있게 됩니다. 이것이 듣는 자 편에서 들리는 설교를 가능하게 합니다.

3. 예수님은 청중 속으로 오셨습니다.

예수님은 청중의 생각을 아셨고 청중의 감정과 삶을 온몸으로 부딪치시며 설교하셨습니다. 예수님의 말과 생각은 예수님의 것이 아닌 청중의 것이었습니다. 그래서 청중은 예수님이 자신들 편에서 자신들을 알고 설교하신다고 느꼈기에 예수님이 요구 하시는 방향대로 움직일 수 있었고 그 결과 청중은 문제를 해결 받을 수 있었습니다.

성경은 예수님이 청중을 이해하고 그들의 문제를 해결해 주셨음을 여러 곳에서 드러내고 있습니다.

1) 니고데모의 문제가 무엇인지를 아셨기에 그에게 거듭남에 대한 접근으로 문제를 해결해 주셨습니다(요 3:1-15).
2) 수가성 여인에게 갈급함의 문제가 있음을 아셨기에 생명수에 대한 접근으로 그 여인의 문제를 해결해 주셨습니다(요 4:1-26).
3) 예수님이 길을 가실 때 종종 예수님을 향하여 부르짖는 자들이 있었습니다. 그때마다 예수님은 그들의 문제가 무엇인지를 아시

고 정확히 그 문제를 해결하셨습니다.

4) 예수님은 청중이 문제를 가지고 왔을 때, 그 문제를 해결해 주시면서 복음을 전하셨음을 잊지 말아야 합니다. 먼저 청중의 아픔과 상처, 고통의 현실을 끌어안아 주시면서 예수님 자신이 누구신가를 보여주셨다는 사실에 주목해야 합니다.

그런데 지금 우리의 설교현장은 어떠한가요? 청중의 아픔과 고민을 설교자가 얼마나 이해하고 청중에게 복음을 외치고 있을까요? 현실 문제를 호소하는 청중에게 그들의 신앙은 눈에 보이는 현실만을 쫓아가는 믿음 없는 인본주의 처사라고, 기복주의 신앙이라고 너무 쉽게 정죄하지는 않았습니까!

4. 설교자는 청중의 필요를 알고 설교해야 합니다.

그러기 위해서 다양한 방법으로 청중을 이해하려는 시도를 해야 함은 당연한 일입니다.

먼저, 청중이 처한 여러 환경들을 알아봅시다.

1) 가정환경

가정은 국가를 구성하는 기본 단위인 동시에 교회를 구성하는 기본 단위입니다. 청중 대부분의 문제는 가정에서 비롯됩니다. 따라서 설교자가 청중을 이해하려면 남편, 아내, 자녀 등 가족 구성원의 개별적인 이해와 함께 가족 전체를 하나로 묶어서 이해하는 노력도 필요합니다.

결혼 못지않게 이혼과 재혼은 청중을 이해하는 아주 중요한 부분입니다. 이혼과 재혼으로 이어지는 과정에서 갈등하는 자녀들의 문제도 청중이해에서 빼놓을 수 없는 부분 중 하나입니다.

2) 질병

지금 우리 주변에서는 예전에는 생각하지도 못했던 낯선 질병들이 새로운 이름으로 우리들 앞에 찾아옵니다. 그리고 청중은 이 질병들에 무방비로 노출된 채 살아가고 있습니다. 신체적인 질병뿐 아니라 정신적인 질병도 그 위력이 대단합니다. 신체적인 질병이 눈에 보이는 것이라면 정신적인 질병은 눈에 보이지 않는 것이기에 그 정체를 좀처럼 알 수 없습니다. 지금 우리 주변에는 정신적인 질병으로 인한 문제들이 점점 더 기승을 부리고 있습니다. 이런 경우 문제가 터진 후에야 그 사람의 질병의 정도를 알 수 있기에 사태는 더욱 심각합니다.

질병은 개인의 문제인 동시에 모두의 문제입니다. 한 사람이 질병에 시달리면 그와 관계된 많은 사람들이 함께 지치고 힘들어하며 문제를 공유하게 되기 때문입니다. 질병이 영적 회복의 기회가 되기도 하지만 대부분의 청중은 질병을 시험과 환란으로 여기며 문제 안에 갇혀 있는 경우가 많습니다.

3) 경제

돈입니다. 우리는 라면 한 그릇이라도 있어야 힘을 내고 움직일 수 있습니다. 돈과 연관되어 신앙을 포기하거나 교회를 떠나는 사람들이 적지 않음을 보면서 이런 현상들을 그냥 개인의 문제라고 무시해서는 안 됩니다.

청중은 돈을 복과 하나로 연결해서 생각하는 경향이 있습니다. 돈이 풍족하면 복으로, 돈이 궁핍하면 복이 떠나거나 임하지 않은 것으로 여깁니다.

돈과 헌금을 구분해서 생각하는 청중은 많지 않습니다. 헌금을 자신의 돈 일부를 드리는 것으로 여기기에 헌금에 대한 관심도, 시험도 받게 됩니다. 그래서 청중은 돈에 대한 설교를 듣기를 원합니다. 하지만 설교자는 돈에 대한 설교를 힘들고 어려운 것으로 여깁니다.

4) 학력

청중에게 돈 다음으로 민감한 것이 학력입니다. 학력에 부족함을 느끼는 청중은 자신의 과거를 드러내는 일을 자신의 열등한 부분을 드러내는 것처럼 여기기 때문에 숨기고 싶어 합니다. 그런데 어떤 설교자들은 청중의 학력을 마치 교회의 수준인 것처럼 여기고 몇몇 청중의 학력에 설교의 수준을 맞추려고 합니다. 심지어 설교자가 청중의 학력을 들먹이며 자신의 설교를 청중이 알아듣지 못한다고 여기는 일도 있습니다. 과연 누가 문제를 보지 못하는지 심각하지 않을 수 없습니다.

5) 연령별, 직업별, 지역별 분류

청중을 그들의 신앙정도에 따라 이해하려고 노력해야 합니다. 처음 교회에 출석한 청중이 설교자의 설교만을 듣고서 신앙을 갖기까지 얼마의 시간이 소요될까를 생각해 본 적이 있습니까? 만일 처음 출석했거나 아직 확고한 신앙의 단계로 나가지 못한 사람이 설교를 들을 수 있도록 설교자가 고려해 준다면 설교 시간에 졸거나 지루해서 온 몸을 비트는 일은 많이 해소될 것입니다.

① 교회에 출석은 하지만 불신상태에 있는 청중이 있습니다. 이들의 관심과 문제, 즉 이들이 듣고자 하는 것은 무엇일까요? 이들의 필요를 알고 함께 복음을 전한다면 더 효과적이고 빠른 시간에 예수님 앞으로 이 불신상태의 청중을 인도하게 될 것입니다. 이들에게 설교자가 주어야 할 것은 분명합니다. 바로 예수님입니다. 예수님을 발견하고 받아들이도록 그들이 들을 수 있는 설교를 해야 합니다.

② 예수님을 영접하고 성장단계에 있는 청중이 있습니다. 이들은 더 깊고 넓은 신앙의 바다로 헤엄쳐 갈 수 있기를 갈망합니다. 이 청중은 초보적인 신앙을 벗어나 영적 체험을 사모하며 설교자를 바라봅니다. 그러나 신앙과 삶 사이의 공간을 스스로 채워가기에는 아직 역부족인 경우가 많습니다. 그래서 자주 넘어지고 시험에 빠집니다. 한마디로 신앙생활의 굴곡이 심합니다. 설교자가 이들을 이해하고 설교를 통하여 위로와 격려, 계속적인 성화의 과정을 이루어 가도록 이끌어 주어야 합니다.

③ 장로나 권사, 평신도 사역자 등 성장단계를 지나서 성숙한 자들도 있습니다. 대부분의 설교자들이 공감하듯이 이들은 좀처럼 움직이지 않습니다. 누구보다 신앙의 본을 보여주고 교회 일에 앞장서야 할 자들이 자리만 지키고 있으니 설교자에게 여간 부담이 되는 것이 아닙니다. 더구나 설교에 대하여 이러쿵저러쿵 말을 할 때

는 난감하기 그지없습니다.

　그러나 이들에게도 필요가 있습니다. 그 필요를 이해하고 채워주는 설교를 이 청중이 듣는다면 그들은 분명 설교자에게 더할 수 없는 조력자들이 될 것입니다. 문제는 설교자가 이들의 필요가 무엇인지 개별적으로, 동시에 공동체적으로 이해하기 위하여 끊임없이 노력해야 합니다.

　청중이 들을 수 없거나 들리지 않는 설교에서 과연 우리는 무슨 결과를 기대할 수 있겠습니까? 설교자가 낮아져야 합니다. 청중이 살아가는 현장으로 내려와서 모두가 들을 수 있는 설교를 해야 합니다. 그러려면 한 가지 방법밖에 없습니다. 설교의 수준(Level)은 낮추되 설교의 질(Quality)은 높여야 합니다. 그렇게 되면 모두가 들을 수 있고 공감할 수 있습니다.

The Core of the Preac

보여주는 설교

제3장

숨겨진 여백을 찾아라

숨겨진 여백을 찾기 위한 설교자의
노력 가운데 빼놓을 수 없는 것이
이미지 기법입니다.
볼 수 없는 것을 본 것처럼,
들을 수 없는 것을 들은 것처럼,
만지지 못하는 것을 만진 것처럼
내줄 수 있어야 합니다.

예수께서 이르시되
오늘 구원이
이 집에 이르렀으니
이 사람도 아브라함의
자손임이로다
(누가복음 19:9)

1. 설교자는 말로 전하지만 청중은 귀로 듣고 눈으로 보고 싶어 합니다.

흔히들 시청각 효과의 중요성을 말하면서도 정작 설교에서는 이 시청각 효과를 파워포인트나 빔 프로젝트를 이용하여 설교의 대지, 성구, 찬송가, 필요한 동영상 정도를 보여주며 설교하는 정도로만 알고 있습니다. 그러나 이미지로 설교하는 것이 시청각 설교입니다. 설교자가 이미지를 주면 청중도 설교자의 이미지를 보면서 설교를 듣게 됩니다.

설교의 이미지는 어떻게 주는 것인가요?
설교의 이미지는 성경에 숨겨진 여백을 찾을 때 가능합니다. 성경은 어떤 사건이나 인물에 대하여 모든 것을 자세히 말하고 있지 않습니다. 성경은 압축과 생략의 방법으로 기록되어 있기 때문입니다. 그러기에 압축되고 생략된 부분을 설교자가 풀어서 보다 세밀하게 본문을 보여주는 것이 바로 보여주는 설교입니다. 다시 말해 이미지 설교, 보여주는 설교는 설교자가 본문의 숨겨진 부분들을 타당한 추론을 통해 풀어 보여주는 것입니다.

혹자는 자신은 절대로 추론을 하지 않고 오직 성경만을 전한다고 주장하면서 추론에 대하여 문제시하는 경우가 있습니다. 그러나 정말 이런 일이 가능할까요? 추론이 없이 설교한다는 것은 기록된 말씀 외에는 어떤 해석이나 주석을 허용하지 않는다는 말입니다. 추론이 허용되지 않는 설교에서는 기록된 말씀만 그대로 읽어 주고 설교자 임의대로 본문 외에 어떤 내용을 설명하거나, 다른 구절을 인용하거나 해서는 안 됩니다. 아마 이렇게 설교하는 설교자는 단 한 명도 없을 것입니다. 그러므로 추론 없이는 설교 행위 자체가 이루어지지 않습니다. 우리는 지금껏 추론을 하면서 설교했고 앞으로도 추론을 해야 설교할 수 있습니다.

공교롭게도 설교자들에게 추론이라는 용어가 익숙하지 않겠지만 일반적으로 추론은 많은 영역에서 사용되고 있습니다. 아주 쉬운 예로, 동화나 소설, 드라마, 영화 그리고 실제 범죄수사 영역에 이르기까지 추론이라는 단어는 폭넓게 사용되고 있습니다.

신학도 마찬가지입니다. 현재 우리가 신학에서 사용하고 있는 다양한 신학적 이론들은 성경을 근거로 합리적인 추론을 통하여 교리적인 이론을 세운 것입니다. 생각해 보십시오. "신론"이라는 용어가 성경에 있습니까? 신론에 대한 구체적인 내용들이 따로 쓰여 있는 부분이 있습니까? 아니지 않습니까! "신론"이란, 성경을 근거로 추론을 통해서 하나님에 대한 이론을 신학적인 오류가 없도록 교리로 만든 것입니다.

이렇게 다양하게 추론된 이론이 신학적인 문제가 없는가를 검토한 후에 정통 교리로 인정하여 신학의 뼈대가 되도록 학문화시켜서 교리로 따르게 한 것입니다. 그렇다면 어떻게 추론을 해야 오류를 범하지 않으면서 성경의 숨겨진 여백을 잘 드러낼 수 있을까요?

2. 지켜야 할 몇 가지 원칙이 있습니다.

1) 가장 중요한 것은 신학적인 오류가 없어야 한다는 것입니다.

아무리 본문을 흥미진진하게 드러냈다 할지라도 성경에서 말하고자 하는 근본적인 신학에 잘못이 있다면 이단으로 빠질 수도 있습니다. 성경 전체가 말하려는 부분과 본문이 말하려는 부분이 건전하고 바른 신학을 통하여 하나로 연결되어야 합니다. 이단들도 많은 추론들을 사용하여 성경을 왜곡하고 있기에 스스로 신학적 기반이 약하다고 생각된다면, 자신의 추론을 항상 비판적으로 검토하고 성경적 추론을 하고 있는지 검증받아야 합니다.

2) 합리적이고 타당해야 합니다.

타당성이 있어야 합니다. 누구나 공감할 수 있는 객관적인 추론이 되어야 합니다. 누구나 받아들일 수 있고 모두가 인정할 수 있는 추론을 해야 한다는 말입니다. 소설을 쓰는 것처럼 자신의 세계에 빠져서 객관적인 타당성을 갖지 못한다면, 그 사람의 추론은 합리적인 추론으로 인정되지 못하고 결국 설교에서 사용할 수 없게 됩니다.

3) 논리성입니다.

뒤죽박죽으로 이것저것을 질서 없이 드러내서는 안 됩니다. 어떤 인물이나 사건을 추론할 때 논리적인 순서를 통하여 차근차근 보여주어야 합니다. 논리적이고 조직적인 추론은 청중이 설교를 들어야 할 이유를 갖게 하는 데 중요한 역할을 합니다. 숨겨진 여백을 찾아서 이미지로 설교할 때 청중은 현장감 있게 설교를 듣게 됩니다. 마치 설교를 귀로 듣지만 눈으로 보는 것처럼 느끼게 됩니다.

3. 성경을 추론해야 하는 부분은 두 가지입니다.

자연적인 추론과 초자연적인 추론입니다. 자연적 추론이 일반적이고 상식적이고 보이는 것에 대한 추론이라면, 초자연적 추론은 기적적이고 보이지 않는 것에 대한 영적인 추론입니다.

1) 본문을 통하여 합리적인 추론을 해 봅시다.

누가복음 19:1-9에 보면 삭개오라는 세리장이 나옵니다.

본문은 삭개오가 예수님을 만나기 위해서 돌무화과 나무에 올라갔고 예수님을 만나서 변화되었다고 증거하고 있습니다. 하지만 이 이야기는 삭개오와 그 상황에 대해 상당히 많은 부분을 생략하고 있기에 신앙생활을 오랫동안 해 온 사람들은 그냥 넘어갈 수 있을지 모르지만 본문을 처음 대하거나 본문에 익숙하지 않은 사람들은 삭개오를 이해하고 자신의 삶으로 받아들이기에는 많은 의문점을 갖게 됩니다.

삭개오는 왜 돌무화과 나무에 올라가서 예수님을 보려고 했을까요? 사람들에게 가로 막혀서 단순히 신체적인 부분, 즉 그의 작은 키 때문에 돌무화과 나무 위에 올라가서 예수님을 보려 했다고 이해하고 말 것인가요?

그는 세리장입니다. 당시의 세리장은 로마로부터 위임받은 대단한 권력과 권위가 뒤따르던 고위 직업이었습니다. 그가 가진 힘과 위치로 보면 나무 위에 올라가지 않아도 얼마든지 예수님을 만날 수 있습니다.

사람들이 많아서 사람들이 비켜 주지 않아서 나무 위로 올라갔다? 그러기에는 그가 가진 힘과 권력이 너무 대단하지 않습니까!

로마의 권력을 등에 지고 유대인들의 세금을 주무르던 그가 사람들을 한켠으로 비켜 세우지 못해서 나무에 올라갔다니….

그는 세리들의 우두머리입니다. 우리는 이 사실에 주목해야 합니다. 그를 따르며 함께하는 자들이 한두 명이 아니었을 것입니다. 과연 그들이 그들의 우두머리가 키 작은 신체적인 열세를 극복하지 못하고 사람들을 피해서 나무에 오르는 것을 그냥 보고만 있었겠습니까?

흔히들 그를 나라를 팔아먹은 매국노라고 설교하는 것을 자주 들었을 것입니다. 그렇다면 나무에 오르는 것이 더 위험하지 않았겠습니까? 삭개오가 나무 위에 오를 때 사람들에게 쉽게 노출되어 사람들이 그를 해하거나 위협을 가할 수도 있기 때문입니다.

돌무화과 나무는 겉 표면이 울퉁불퉁하고 키가 크고 오르기 쉽지 않은 나무입니다. 삭개오가 나무에 오르다가 떨어지기라도 한다면 심각한 신체적인 장애를 갖게 될 수도 있고 극단적인 경우 죽을 수도 있습니다. 이런 위험을 감수하고 그가 예수님을 만나기 위해서 목숨이라도 걸어야 할 만큼 절실했던 문제가 있었을까요?

지금까지 살펴본 것들이 본문에 생략되어 있는 숨겨진 여백입니다. 이런 숨겨진 여백들을 적절한 추론을 통해서 보여주면 청중은 설교를 들어야 할 이유를 찾게 되고 설교 앞으로 한 발짝 더 다가오게 됩니다.

2) 삭개오에 대해 조금 더 추론해 봅시다.

우리는 우선 삭개오가 살던 시대의 문화적인 접근을 통하여 추론할 수 있습니다. 한마디로 삭개오가 살던 시대는 일종의 혼합문화의 시대라고 할 수 있습니다. 로마문화와 유대문화 그리고 이방문화가 서로 엉켜있던 시대였기 때문입니다.

　이런 문화적인 혼돈이 사람들의 일상과 생각을 자주 자주 혼란스럽게 했을 것입니다. 삭개오 또한 로마의 권력을 가지고 행사는 하고 있지만 유대인으로서 이방민족인 로마제국의 지배를 받는 치욕스런 민족의 수모를 외면 할 수 없었을 것입니다. 반면 유대인으로서 내심 이방인을 대하는 우월감도 동시에 느끼고 있었을 것입니다.

　삭개오 개인이 느꼈던 문화적인 혼돈을 해결하기 위한 방법 중 하나가 나무에 오르는 것은 아니었을까요? 삭개오가 주목했던 예수님이 이런 문화적인 혼돈과 복잡한 현실을 적극적이고 주도적으로 이끌고 나가는 분으로 그에게 다가왔다면 당연히 그 분을 찾기 위한 삭개오만의 방법이 동원되었을 것입니다.

　사회적인 추론도 삭개오를 들여다 볼 수 있는 중요한 부분 중 하나입니다. 삭개오가 속해 있던 사회는 로마가 유대를 지배하던 사회입니다. 철저하게 로마식으로 살아야만 살아남을 수 있는 사회였다는 말입니다. 이런 삭개오에게 로마의 권력이 주어져 있었습니다. 당연히 로마인이 아니었던 삭개오는 지독스러울 정도 로마인처럼 살아가고자 몸부림쳤을 것입니다. 그래야 살아남는다는 것을 그는 너무 잘 알았기 때문입니다.

　당시 유대사회의 화두는 세금이었습니다. 유대인 세리장 삭개오는 서민들의 아픔을 해결해 줄 수도 있는 유일한 통로였을 것입니다. 유대인 입장에서는 삭개오가 자신들의 편이 되어 주길 간절히 원했습니다. 그렇기에 삭개오가 사회적인 인물이었음은 당연합니다. 자의든 타의든 사회적 주요인물이 된 삭개오는 로마의 요구도 유대의 시선도 이래저래 부담스러울 수밖에 없었을 것입니다.

예수님 또한 당시 최고로 주목받는 사회적 주요인물이셨습니다. 로마인에게도 유대인에게도 예수님의 말과 행동 하나하나는 중요 관심사였습니다. 종종 바리새인과 사회지도자들의 비난도 쏟아졌습니다. 그러기에 이런 예수님을 동병상련처럼 느낀 자가 있었다면 당연히 삭개오입니다. 그렇다면 삭개오의 예수님에 대한 관심은 더욱 증가되었을 것이고 당연히 예수님을 만나기 위한 자신만의 방법을 찾았을 것입니다.

정치적인 추론도 삭개오의 행동을 이해할 수 있는 또 하나의 숨겨진 여백입니다. 당시 어떤 사람이든지 출세를 하고자 한다면 로마를 통해야 했습니다. 로마의 힘을 얻지 못하면 아무 것도 할 수 없었다는 이야기입니다. 이런 상황에서 삭개오는 로마와 연결되어 있는 끈이었습니다.

당연히 사람들은 삭개오를 통하여 로마의 힘을 가지려고 했을 것입니다. 돈푼이나 가진 자들은 삭개오를 통하여 로마의 시민권이나 그럴 듯한 자리 하나를 얻으려고 기회를 노렸을 것입니다. 그러니 이런 삭개오를 정치적인 거물로 보아도 무리가 없을 것 같습니다. 로마 입장에서도 삭개오의 요구를 적당히 들어주면서 삭개오의 위신을 세워주는 것은 삭개오를 통하여 세금을 거두는 일도 독려할 수 있으니 일거양득인 셈이었습니다. 무엇보다 정치는 돈이 없으면 힘든 것인데 삭개오가 돈을 주무르고 있으니 삭개오를 정치적으로 움직이려는 사람들은 아주 많이 있었을 것입니다.

삭개오와 대조적으로 예수님은 돈도 로마의 권력도 쥐고 계신 분이 아니셨습니다. 그분은 출세의 통로가 아니셨으며, 더욱이 로마의 권력도 줄 수 없는 분이셨습니다. 그런데 엄청난 사람들이 예수님께로 모여들었습니다. 삭개오에게는 돈을 감추고 조금이라도 덜 내려고 안달하는 사람들이 예수님에게는 스스로 자기의 전부를 내어 놓습니다. 삭개오를 찾아온 자들은 징검다리처럼 삭개오를 이용만하고 떠나버리는데 예수님 곁에는 점점 더 많은 사람들이 떠나지 않고 모여 듭니다.

　세리장 삭개오는 지금의 자리에 오르기까지 말할 수 없는 고생과 어려움을 견디었습니다. 그런데 예수님은 단숨에 일생을 걸려서 이루어 온 자신의 성공과 비교할 수 없는 힘을 보여주고 계십니다. 성공한 삭개오에게는 이런 예수님이 궁금할 수밖에 없었을 것이고 이런 예수님을 만나기 위해 자신만의 방법을 찾았을 것입니다.

　지금까지 우리가 일반적인 추론을 했다면 이제는 영적인 추론도 해 봅시다. 삭개오에게 숨길 수 없는 부분이 있습니다. 그가 유대인이라는 사실입니다. 유대인은 태어나면서부터 하나님을 배우고 율법을 배우며 실천합니다. 분명 삭개오 속에도 이 하나님이 계십니다. 어려서부터 율법으로 배우고 율법의 삶을 통하여 섬겨온 하나님이십니다. 비단 삭개오만이 아니라 유대인들은 하나님을 빼놓고는 어떤 것도 생각할 수 없는 민족입니다. 이런 삭개오에게 "보이는 하나님"이 두 군데나 등장했습니다. 한 곳은 로마의 황제가 있는 곳이요, 또 한 곳은 나사렛 예수님이십니다.

　로마 황제는 자신을 하나님이라 부르라 했고 그의 신상에 숭배를 강요했습니다. 율법을 통하여 하나님을 배우고 섬겨온 삭개오에게 그 명령은 영적으로 엄청난 충격이었습니다. 로마 황제에 대한 숭배를 거절할 경우에 따르는 처참한 죽음은 삭개오의 영혼과 삶을 심각하게 위협했습니다. 이런 그를 또 한 번 혼란스럽게 한분이 예수님이십니다. 예수님은 하나님의 아들이시요, 하나님이시라고 합니다. 예수님은 숭배를 강요하지도 않았고 숭배를 거절한 자에게 처참한 처형도 명령하지 않았습니다. 오히려 예수님은 병든 자를 살려내시고, 가난한 자의 친구셨으며, 언제나 약한 자들 편에 서있다는 소식을 삭개오는 들었습니다.

율법으로 배워온 하나님, 숭배를 강요하는 살아있는 황제, 그리고 예수님 사이에서 삭개오는 영적인 혼돈과 고민에 빠졌습니다. 그래서 그는 자신만의 방법으로 예수님을 만나서 진짜 하나님이 누구인지 영적인 숙제를 풀어내고 싶었습니다. 이런 영적인 고민을 황제가 시퍼런 칼날을 앞세우고 있는 상황에서 공개적으로 드러내기는 어려웠을 것이고 삭개오는 혼자서 은밀히 예수님을 보기 위해 비교적 자신을 숨기기 쉬운 돌무화 나무를 선택하고 올라갔습니다. 나무 위에 조용히 몰래 올라가는 것 그것이 그 자신만의 방법이었습니다.

누구에게도 알리지 않고 은밀히 숨어 있던 삭개오는 한번도 만나본적이 없는 예수님이 자신의 이름을 부르자 깜짝 놀라지 않을 수 없었습니다. 혼란과 고민 속에 있던 자신의 이름을 부르시며 찾아오신 예수님을 만났을 때 삭개오는 그분이 누구시라고 받아들였겠습니까?

이처럼 성경의 숨겨진 부분들을 찾아내서 설교할 때 설교가 풍성해지고 청중은 설교가 귀에 들리고 눈에 보이는 효과를 경험하게 됩니다. 또 다른 측면에서 숨겨진 여백을 찾아봅시다.

본문에 등장하는 삭개오의 숨겨진 심리상태를 드러내어 설교하게 되면 청중은 성경인물의 고민과 갈등을 통하여 본문을 현재의 사건처럼 느끼게 되고 자신의 문제처럼 받아들여서 오늘 자신의 문제를 해결하시려는 성령님의 음성으로 듣게 됩니다.

3) 세리장으로서의 삭개오를 다시 생각해 봅시다.

그가 가진 사회적 지위와 체면, 주변의 시선을 생각할 때 나무에 올라가는 일이 그다지 쉬운 결정은 아니었습니다. "꼭 여기에 올라가야만 할까?"라는 질문 앞에 셀 수 없는 고민이 밀려왔고, 이 후에 이 일로 인해 자신이 곤란한 처지에 있게 될 수도 있다는 생각들이 불쑥불쑥 떠올라 그의 발목을 붙잡았을 것입니다. 용기를 내어서 나무 앞에 서긴 했지만 삭개오는 도저히 나무에 오를 엄두가 나지 않습니다. 거대한 나무가 자신을 짓누르는 것 같은 두려움과 공포가 삭개오를 사로잡았습니다.

돌무화과를 기어오르는 자신을 쳐다보는 사람들이 마치 원수라도 만난 것처럼 일제히 달려들어 자기의 발목을 붙잡아 땅바닥에 내던지고 짓밟을 것만 같았습니다. 삭개오는 아무도 없는 주변을 자꾸만 두리번거립니다. 심장 뛰는 소리가 귀에까지 들리도록 요란합니다. 온몸은 점점 힘이 빠지고 다리가 후들거려 서 있기도 힘들 지경입니다.

"정말 이렇게까지 하면서 내가 예수를 만나야 하나?" 자신도 모르게 원망스런 푸념을 합니다.

이 모습은 오늘날 청중이 어떤 문제를 만났을 때 고민하고 아파하며 갈등하는 모습과 결코 동떨어져 있지 않습니다. 그러나 성경은 이런 삭개오의 심리적인 아픔을 생략하고 단지 그가 올라갔다는 결과만을 기록하고 있습니다. 그래서 본문을 전하는 설교자들도 청중에게 성경의 인물은 전혀 이런 문제의 과정이 없이 즉시, 믿음으로, 고민도 갈등도 없이 움직였다고 설교하기 쉽습니다.

그러나 그렇게 되었을 때 청중은 "그는 삭개오니까 그럴 수 있고 나는 나니까 그럴 수 없습니다"고 단정해 버립니다. 결국 본문을 우리 자신의 문제와 연결하여 해결하시려는 하나님의 음성을 놓치는 것입니다. 실제로 성경인물의 숨겨진 심리를 드러내어 설교하게 될 때 많은 청중은 자신의 문제와 동일시하여 눈물을 흘리기도 하며 그 시간에 치유를 경험하는 경우가 많이 있습니다.

숨겨진 여백을 찾기 위한 설교자의 노력이 절실히 요구됩니다. 이를 위해 분명한 신학과 타당성 있는 근거를 위한 여러 자료들을 수집해야 합니다. 객관적인 근거들이 충분히 기초가 되어 줄 때 숨겨진 여백을 찾아서 확신 있는 설교를 할 수 있습니다. 무엇보다 설교자가 먼저 보아야 보여줄 수 있습니다. 숨겨진 여백을 찾기 위한 설교자의 노력 가운데 빼놓을 수 없는 것이 이미지 기법입니다. 볼 수 없는 것을 본 것처럼, 들을 수 없는 것을 들은 것처럼, 만지지 못하는 것을 만진 것처럼 말할 수 있어야 합니다.

The Core of the Preac

보여주는 설교

제4장

좋은 그릇에 담아서 주라

답은 좋은 그릇을 가지면 됩니다. 여기서 "그릇"이란 본문을 읽고, 설교문으로 작성하고, 전달하게 해주는 그릇(tool) 즉 프레임(frame)입니다.

내가 너로 심히
번성하게 하리니
내가 네게서 민족들이
나게 하며 왕들이
네게로부터 나오리라
(창세기 17:6)

1. 설교를 어떻게 준비할 것인가?

　설교자의 고민 중 하나는 설교를 어떻게 준비할 것인가와 준비한 것을 어떻게 효과적으로 전달할 것인가입니다. 이 부분이 해결 되려면 읽기와 쓰기 그리고 말하기가 모두 제대로 준비되어야 합니다. 이 세 가지는 사실 하나입니다. 이 세 가지를 하나로 해결하는 능력을 갖추지 않으면 어느 부분은 되고, 어느 부분은 되지 않는 기형적인 설교를 할 수밖에 없습니다. 어떻게 하면 이 세 가지를 모두 해결하여 보여주는 설교를 할 수 있을까요?

　답은 좋은 그릇을 가지면 됩니다. 여기서 "그릇"이란 본문을 읽고, 설교문으로 작성하고, 전달하게 해주는 그릇(tool) 즉, 프레임(frame)입니다. 프레임이 본문을 읽게 하고, 설교문을 작성하도록 도와주며, 설교자의 입을 열어 주는 역할을 하게 하는 도구입니다. 프레임을 가지고 설교하는 설교자와 그렇지 않은 설교자의 차이는 분명합니다. 많은 설교자들이 설교문을 작성하는 것과 설교를 전달하는 것을 구분해서 생각하는 경우가 많은데 사실은 그렇지 않습니다. 이것을 하나로 해결하는 능력을 설교자가 가질 때, 설교자가 에너지를 제대로 발휘할 수 있기 때문입니다.

1) 프레임은 관점입니다.

　프레임적인 사고는 본문을 읽게 하는 능력을 가지도록 해 줍니다. 프레임적인 사고를 가지고 성경을 읽으면 본문 안에 담겨진 하나님의 목적과 의도를 더 정확히 볼 수 있는 관점을 가질 수 있게 됩니다.

　간혹 본문의 본질을 프레임이 왜곡할 수도 있다는 것을 지적하는 설교자들이 있는데 이는 동전의 한쪽 면만 보는 경우라고 생각됩니다. 고정된 프레임 자체에 어떤 기능이 있다기보다는 프레임을 통하여 설교자가 본문을 더 깊이 끌어내고 그것을 요리해서 청중이 잘 먹을 수 있는 음식을 내 놓는 능력을 키우는 것이 프레임을 가지는 목적입니다.

2) 프레임은 설교의 목적과 방향을 이끌어 줍니다.

프레임은 무엇을 어떻게 전달할 것인가를 분명하게 이끌어 줍니다. 프레임의 기능을 가진 설교를 듣게 될 때 청중은 설교의 목적과 방향을 분명하게 알게 되므로 설교자가 목적하는 바를 정확히 달성할 수 있습니다. 프레임이 설교의 목적과 방향을 순서적으로 드러내기 때문입니다.

3) 프레임은 설교의 내용(작성)을 갖게 해주고 효과적인 전달도 이끌어 줍니다.

설교문을 작성하고 설교를 전달하게 하는 뼈대가 프레임입니다. 각 프레임의 기능에 따라서 내용을 채우면 설교문이 작성됩니다. 각 프레임의 기능에 따라서 순서대로 전달하면 잘 들리고 에너지도 나타나는 설교를 전달하게 됩니다.

4) 설교의 내용은 설교를 할 때마다 바뀌지만 설교의 프레임은 바뀌지 않습니다.

위의 진술에 대해 다음과 같은 질문을 하는 분들이 계십니다. 설교할 때마다 일정한 프레임을 사용하기 때문에 매번 설교를 똑같이 찍어내는 것 같은 현상이 있지 않을까요?

혹시라도 내용이 빈약하거나 표현하는 능력이 약하면 이 같은 걱정은 조금은 염려되는 부분입니다. 그렇지만 크게 염려하지 않아도 됩니다. 우리는 서론, 본론, 결론 등의 형식(프레임)을 가진 설교를 익숙하게 들어왔지만 이 논리적인 프레임을 문제 삼는 사람은 거의 없습니다. 이유는 매번 들을 때마다 다른 내용들이 채워지기 때문에 전하는 자는 프레임으로 전하지만 듣는 자는 프레임의 반복적인 기능을 의식하지 못한 채 듣게 되기 때문입니다.

프레임의 형식은 다르지만 많은 설교자들이 자기만의 툴(tool)을 선택해서 그것을 기반으로 설교하고 있습니다. 우리 주변에 설교를 뛰어나게 잘한다고 알려져 있는 설교자들은 내용도 좋지만 모두 이런 자기만의 프레임을 가지고 전하기에 설교가 잘 들려지는 것입니다.

좋은 내용을 담을 수 있고 전달할 수 있는 프레임을 선택하고 설교하는 것은 설교자 고유의 몫입니다. 프레임으로 설교하면 설교가 향상되고 설교의 결과 열매를 거두는 일에 탁월 한 효과가 있습니다.

2. 설교자가 좋은 그릇(프레임)을 가지면?

1) 본문의 내용을 쉽게 파악할 수 있습니다.
프레임의 기능을 가지고 본문을 읽게 되기 때문입니다.

2) 오늘 설교해야 할 목적을 놓치지 않고 끝까지 전할 수 있습니다.

프레임이 설교해야 할 목적을 하나로 연결시켜 주기 때문입니다.

3) 본문 내용과 청중의 삶을 하나로 연결하여 설교할 수 있습니다.

프레임의 기능이 본문과 청중의 삶을 연결하는 역할을 해 주기 때문입니다.

4) 설교자와 청중 모두 설교에 보다 더 집중할 수 있습니다.

프레임이 점진적으로 설교를 이끌기 때문에 설교자와 청중은 프레임을 통하여 자연스러운 이미지를 공유하게 되어 집중력도 높아집니다.

5) 설교자가 원고에 얽매이지 않고 자유롭게 설교할 수 있습니다.

프레임의 각 기능이 무슨 말을 해야 할 것인지를 결정해 주기 때문에 원고를 작성하는 것, 원고로부터 자유롭게 설교하는 것 모두 가능해집니다.

6) 설교는 좋은 그릇을 가질 때 더 효과적인 결과를 얻을 수 있습니다.

프레임은 신학이 아니라 논리적이고 조직적인 설교전략입니다. 할 수만 있다면 더 좋은 그릇을 가져야 합니다.

3. 다섯 가지 기본적인 프레임

이 다섯 가지 프레임은 설교를 이끌어가는 가장 기본적인 프레임입니다. 설교자에 따라서 다섯 개보다 적을 수도 많을 수도 있지만 이 다섯 개의 프레임이 설교의 내용을 꾸미고 전달하는 데 효과적입니다. 이 다섯 개의 프레임으로 설교할 때 이미지가 잘 형성되어서 잘 들리게 됩니다.

1) 다섯 가지 기본 프레임의 기능

F1	F2	F3	F4	F5
청중의 마음열기	본문 문제제기	본문 문제해결	현 청중 문제와의 해결	결단과 축복

(F=frame의 약자)

2) 각 프레임은 기능과 역할

프레임의 기능대로 설교해야 보여지고 들려지는 설교를 할 수 있습니다. 각 프레임의 기능이 설교의 내용을 결정하게 되기에 프레임의 기능을 충분히 익히고 그 기능에 따른 연습을 해야 합니다.

이제 각 프레임의 기능을 살펴봅시다.

F1 – 청중의 마음 열기

한 주간 동안 청중은 여러 가지 환경들 속에서 다양한 일들을 겪으며 지냈습니다. 사업상 문제를 겪은 자들도 있을 것이고, 자녀의 문제로 속을 끓인 자도 있을 것이고… 그밖에 돈, 사람, 갑자기 알게된 질병, 죽음 등 청중이 쉽게 설교를 받아들일 수 없는 상황은 얼마든지 있을 수 있습니다. 어떤 자들은 아무 생각이 없거나 예배에 대해 무관심한 채 주변의 권유로 할 수 없이 나와서 앉아 있는 자들일 수도 있습니다.

이런 다양한 상황 가운데 예배에 참석한 청중이 관심을 가지고 설교를 들을 수 있도록 그들의 마음을 열어 주는 것은 설교자에게 반드시 필요한 일입니다. 일반적으로 강의나 연설을 진행하는 사람들도 5분 안에 청중의 관심을 사로잡아야 성공적인 결과를 거둘 수 있다고 합니다. 그러니 설교자에게 이에 대한 중요성은 아무리 강조해도 지나치지 않습니다.

청중의 마음을 열 수 있는 여러 방법들이 있습니다. 설교와 연관된 동영상을 보여주는 설교자도 있고 서로 인사를 나누며 마음의 긴장감을 풀어주는 설교자들도 많이 볼 수 있습니다.

여기서는 두 가지 정도를 소개하려고 합니다.

1) 청중을 따뜻한 마음으로 격려하고 축복하는 말입니다.

하나님을 예배하고 말씀을 듣기 위하여 여러 복잡한 현실을 이겨내고 하나님 앞에 앉아 있는 청중을 설교자는 따뜻한 마음과 축복하는 심정을 담아서 위로하고 격려해야 합니다. 이 격려와 축복의 음성을 듣고 청중이 "오늘 하나님 앞에 오길 잘했다"는 마음을 갖게 해야 합니다. 이때 청중은 마음을 열고 설교자의 음성을 하나님의 음성으로 받아들일 수 있게 됩니다.

설교자의 음성과 모습에서 하나님의 따뜻함과 인자하심 그리고 어떤 사람도(특별히 나를) 품어 주시는 하나님을 발견하도록 해야 합니다. 오늘 들은 이 하나님의 음성과 복을 서로에게 인사나 축복의 멘트로 나눈다면 설교 전 청중의 마음이 활짝 열려서 하나님의 말씀을 듣는 동안 청중은 아멘으로 화답하며 각자에게 주시는 은혜를 경험하게 될 것입니다.

"하나님은 오늘 이곳에 참석한 여러분 한 사람 한 사람을 지금 두 팔을 벌려서 꼭 안아주고 계십니다! 이 시간 하나님의 품에서 그분을 마음껏 느끼며 일어나는 시간이 되길 축복합니다!"

"여러분! 참 잘 오셨습니다! 하나님께서는 오늘 이곳에 나보다 먼저 오셔서 나를 기다리고 계셨습니다. 지금 그분이 환한 웃음으로 나를 주목하고 계시며 환영하고 계십니다! 오늘 그분과의 만남으로 내 일생이 바뀌는 기적을 체험하길 축복합니다!"

"하나님께서 오늘 이곳에 큰 보따리를 들고 오셨습니다! 이제부터 이 보따리를 풀어서 여러분 한 사람 한 사람에게 안겨주실 것입니다! 이 안에는 여러분의 문제를 해결하는 비결이 담겨 있습니다. 마음껏 이고 지고 가셔서 문제를 해결 받고 행복함이 넘쳐나길 축복합니다!"

어느 유명한 목사님께서는 "오늘은 좋은 날입니다! 비가 와도 눈이 와도 오늘은 좋은 날입니다"라고 청중을 축복하고 설교를 시작합니다.

2) 감동을 주는 예화나 웃을 수 있는 유머로 긴장감을 풀어줄 수 있습니다.

재미있는 이야기로 한 번 웃고 나면 청중의 마음은 열리게 됩니다. 이때 사용되는 유머는 어떤 것이라도 상관없습니다. 선정적이거나 타종교를 비방하는 것이나 지나치게 저질스러운 것을 제외하고 한바탕 웃을 수 있는 것이라면 소재에 관계없이 사용해도 됩니다.

〈니체가 알몸이 된 사연〉

중학교 시험기간 독일의 철학자를 맞추는 주관식 문제가 있었습니다. 전교 일등만 하던 효은 학생 옆에 앉은 경희 학생이 답안지를 커닝했습니다. 전교 일등인 효은 학생이 적은 답은 '니체.' 그러나 옆 눈질로 보니 답이 '나체'로 보였습니다.

이상한 느낌이 들긴 했지만 전교 일등만하고 모범생인 효은인지라 경희 학생은 똑같은 답을 쓰면 커닝한 것이 탄로날 것 같아 한참을 고심한 후 '누드'라고 적었습니다. 그 뒤에 앉은 명희 학생 역시 경희 학생의 답안지가 전교 일등만 하는 효은 학생의 시험지를 커닝한 답안지라는 것을 알고 있었기에 '누드'라고 적긴 했지만 아무래도 좀 껄끄러운 생각이 들자 후다닥 지우고 기발한 아이디어를 내어서 다시 적었습니다. 명희 학생 정답은… '알몸'ㅎㅎㅎ.

〈당신은 사랑받기 위해 태어난 사람〉

어느 집사님이 교회에서 혼자 기도하다가 귀신을 보게 되었습니다. 순간 이런 생각이 번쩍 들었습니다. "찬양을 하면 귀신이 물러간다"는 소리를 들은 것 같았습니다. 집사님은 갑자기 생각난 찬양을 힘 있게 하기 시작했습니다.

"당신은 사랑받기 위해 태어난 사람…."

순간 귀신도 깜짝 놀랐습니다. 자기들끼리 부르는 소리는 들었지만 자신을 향해 부르는 이 찬양은 처음 들었던 것입니다. 그리고 너무 감격한 귀신은 화답송을 했습니다. "감사해요, 깨닫지 못했었는데 내가 얼마나 소중한 존재라는 것을…."

꼭 웃기는 유머가 아니더라도 잔잔한 감동을 주는 주변의 이야기를 소재로 청중의 마음을 열어갈 수도 있습니다.

〈포드 이야기〉

어느 자동차 공장의 정비사가 차를 타고 가는데 갑자기 차가 시동이 꺼졌습니다. 자신만만하게 자동차 본넷트를 열고 살펴보았는데 고장난 부분을 알 수 없었습니다. 한참 땀을 흘리며 살펴보고 있는데 어떤 노신사가 다가와 말합니다.
"제가 도와 드릴까요?"
정비사가 퉁명스럽게 말합니다.
"제가 차량 정비를 한 지 벌써 20년 되었소!"
노신사는 아무 말 하지 않고 어떤 부분을 툭 건드렸습니다. 그러자 차가 금방 시동이 걸렸습니다.
깜짝 놀란 정비공은 "어떻게?"
노신사의 한마디 "이 차는 내가 만들었기 때문이지요."
그 노신사는 그 차를 발명한 포드였습니다.

나를 가장 잘 아시는 분은 하나님이십니다.
그분이 도우실 때 완전합니다!

주의할 것은 유머나 감동적인 이야기를 전달할 때 그 이야기 자체로 적당한 선에서 끝내야 한다는 사실입니다. 너무 많은 교훈을 덧붙이거나 뒷이야기를 너무 길게 하면 또 한편의 설교를 듣는 것이 되기 때문에 유머의 웃음이나 예화의 감동이 식어버리고 만다는 것을 잊지 말아야 합니다.

F1의 마음 열기에서 F2로 설교를 전개할 때에 연결하는 부분이 매우 중요합니다. 링크(Link)가 잘 되어야 설교를 자연스럽게 이끌어 갈 수 있는 것은 사필귀정이 아니겠습니까.

F2-성경(본문) 문제 제기

설교를 진행하기 위해서 첫 번째 해야 할 것은 성경 본문을 통하여 청중에게 문제의식을 갖게 하는 것입니다. 많은 설교자들이 설교를 위해서 본문을 볼 때 본문 속에 있는 어떤 문제를 찾고 드러내어 설교하기 보다는 설교자가 임의로 어떤 주제나 대지를 설정하여 청중에게 설교자의 의도를 일방적으로 전달해 왔습니다. 본문에서 말씀하시려는 목적(핵심)보다는 다소 설교자의 의도가 더 앞선 경우라고 할 수 있습니다.

예) 어떤 설교자가 창세기 22:1-19를 설교하면서 아브라함의 믿음을 강조하는 설교를 진행한 것을 살펴보겠습니다.

1. 그는 믿음으로 즉각 그 아들을 하나님께 드렸습니다.
우리도 그분이 무엇을 요구하시더라도 믿음으로 지체하지 말고 드려야 합니다.

2. 그의 믿음은 아들까지 드리는 온전한 순종으로 나타났습니다.
믿음을 가져야 우리도 아들을 드리는 순종을 하게 됩니다. 믿음을 가지고 우리도 무엇이든지 믿음으로 순종합시다.

3. 아브라함은 믿음에 근거한 순종의 결과로 복을 받았습니다.

그는 이런 믿음으로 믿음의 조상이 되고, 아들도 살리고 하나님께서 인정하시는 복의 사람이 되었습니다. 우리도 이런 믿음으로 복을 누립시다.

청중은 이 설교를 어떤 심정으로 받아들일까요? 결과만을 강조하고 일방적인 신앙의 방향만을 요구하는 설교로 들려지게 되지 않을까요? 만일 나에게 이런 경우가 생긴다면? 이런 질문을 하는 것조차 믿음 없는 처사로 여기게 하는 설교는 청중에게 자신과는 무관한 설교로 느끼게 합니다.

본문 속에서 문제를 먼저 찾아야 할 이유는 무엇일까요?

1) 오늘 설교하려는 핵심관점이 무엇인가를 알리고 이 핵심관점으로 청중의 문제를 이끌어 내기 위해서입니다.

성경 본문 안에는 설교자를 통하여 오늘 청중에게 전달되어야 할 하나님의 목적(핵심관점)이 담겨 있습니다. 이 하나님의 목적(핵심관점)을 찾아야 설교를 할 수 있습니다. 하나님은 이 목적을 전달하시기 위해서 설교자를 세우셨습니다. 그러므로 모든 설교자는 이 목적을 찾아서 설교해야 합니다.

이 하나님의 목적을 찾기 위해 설교자가 해야 할 일이 있습니다. 가장 중요한 것은 설교자가 본문을 청중의 눈으로 읽어야 합니다. 설교자의 눈으로 볼 때는 아무런 문제가 되지 않을지라도 청중의 눈으로 보면 문제가 되는 것들이 본문 안에 있을 수 있습니다.

이 사실을 깨닫는 것이 청중의 문제 속으로 들어가는 첫 걸음임을 잊지 말아야 합니다.

2) 이제 본문을 중심으로 문제를 찾아서 설교를 이끄는 핵심을 드러내 봅시다.

다음은 창세기 22:1-19에서 설교를 이끌어 갈 핵심, 즉 문제를 찾아내는 과정을 정리했습니다.

하나님이 요구하시는 것이라면 우리는 무엇이든지 드릴 수 있어야 합니다. 그렇지만 아브라함에게 아들 이삭을 요구하시는 하나님은 좀 이상하지 않습니까? 아버지에게 하나밖에 없는 아들을 칼로 죽이고 불에 태워서 번제로 드리라는 것은 상식적으로도 신앙적으로도 납득할 수 없는 일입니다. 다른 것은 몰라도 "내 아들 이삭만큼은 드릴 수 없습니다." 이것이 문제입니다(믿음으로 무조건 아브라함이 드렸기에 우리도 믿음으로 무조건 드려야 한다고 설교하는 것은 본문의 관점과 청중의 관점을 놓쳐버린 것입니다).

어찌 하나님이 살아 있는 아들(사람)을 요구하실까요?

언젠가는 나에게도 아들을 요구하시는 것이 아닌가? 청중은 이런 문제의 시각을 가지게 됩니다. 아브라함은 누구이기에 아들도 드리는 무서운 아버지, 하나님에게 자신의 살아있는 아들까지 자기 손으로 잡아서 드리는 광신자가 되었을까? 설교자는 계속해서 청중이 문제를 의식하면서 생각 속에 들어온 이슈를 놓치지 않고 발전시키도록 해야 합니다. 이런 청중의 문제의식을 설교자가 설교를 준비하며 먼저 발견하고 드러내어 설교한다면 청중은 설교를 자신의 이야기로 듣기 시작하게 됩니다.

결국 설교자가 본문의 관점을 통하여 문제의식을 주면 청중의 문제 또한 자연스럽게 제기되는 것입니다. 본문의 문제를 제기하는 목적이 여기에 있습니다. 설교자를 통하여 제기되는 모든 성경의 문제들은 이미 다 해결되었습니다. 그럼에도 설교자가 본문의 문제를 다시 제기하는 것은 설교자가 설교를 통하여 청중의 문제를 해결하려는 목적을 가졌기 때문입니다. 문제가 설득력 있게 제기되어야 해결로 이끄는 능력도 강해집니다.

본문에서 문제를 찾아내려면,
1) 먼저, 본문을 청중의 눈으로 볼 수 있어야 합니다.

설교자의 시각은 신학적이고, 결과적이고, 목적적인 사고로 가득합니다. 한마디로 본문에 대한 선지식으로 인하여 "하나님의 목적"을 지나치기 쉽습니다. 따라서 설교자는 신학과 신앙 훈련으로 무장된 자신의 선지식을 내려놓고 백지상태가 되어 마치 본문을 처음 대하는 심정으로 여러 번 읽어야 합니다.

2) 설교를 이끌어 갈 중심 인물을 놓치지 말아야 합니다.

한 본문 안에는 여러 인물들이 등장하는 경우가 많이 있습니다. 이런 경우에는 누구를 중심으로 설교를 진행할 것인지를 정하고 그 인물을 중심으로 문제를 찾아야 문제의 핵심을 볼 수 있습니다.

아브라함에게는 아들을 드리는 것이 직접적이고 핵심적인 문제지만 종들에게는 그렇지 않습니다. 종들에게 그 문제는 본질적이지도 않고 따라서 그리 심각한 것이 아닐 수 있습니다. 그러기에 아브라함을 중심으로 문제를 찾아야 본문의 주요 관심사에 도달할 수 있게 됩니다.

만일 이삭이 설교를 이끄는 중심 인물이라면 문제가 달라집니다. "왜 자신이 제물이 되어야 합니까?" 이것이 문제입니다. 자신의 의사와 관계없이 누구 마음대로 자신의 목숨을 내어놓으라 하는 것인지가 문제입니다.

자신의 친아버지가 자신을 제물로 삼아 당신의 신앙을 증명하려고 하는데 이삭 입장에서 과연 아브라함이 정상으로 보일까요? 더 나아가 이 모든 정황을 다 알고 나서도 청년의 나이에 이삭이 순순히 자신의 죽음을 받아들이겠습니까? 이제껏 하나님을 섬긴 결과가 어이없는 죽음이라니! 절대로 순순히 받아들이지 않았을 것입니다.

3) 문제가 문제답게 제대로 드러나려면 설교자가 청중을 논리적으로 설득해 나갈 수 있어야 합니다.

설교자는 오늘 제기하는 문제가 얼마나 심각한지 이 문제로 인하여 어떤 결과가 일어나게 될지를 차근차근 설명하면서 청중을 납득시켜야 합니다. 다시 말하면, 문제의 핵심이 선명하게 제기되어야 합니다. 본문 속에서 제기된 문제는 오늘 이 시대를 살아가는 청중의 문제입니다. 문제를 정확히 드러내고 그 문제가 해결되는 과정을 속 시원히 보여주면 청중은 설교자를 통하여 오늘 자신의 문제를 해결하시는 하나님의 음성을 듣게 됩니다.

예) 아브라함이 이삭을 제물로 드리게 된다면 무슨 일이 일어나겠습니까? 아브라함이 이삭을 드릴 수 없는 이유를 객관적으로 설명해야 합니다.

(1) 하나밖에 없는 아들을 드린다면 아브라함은 또 다시 무자식이 됩니다. 그는 더 이상 아들을 낳을 수 있는 상태도 아닙니다. 드려서는 안 됩니다.

(2) 약속의 아들인 이삭을 드린다면, 하나님이 하신 모든 약속은 거짓이 됩니다. 드려서는 안 됩니다. 그렇게 한다면 하나님 스스로 거짓말쟁이가 되는 것입니다.

(3) 아브라함이 믿음으로 이 황당한 일을 감행한다 하더라도, 이삭의 엄마인 사라가 이 사실을 안다면 가만히 있겠습니까? 아브라함을 죽여서라도 이삭을 보호하려 할 것입니다. 절대로 드릴 수 없을 것입니다.

(4) 종들과 식솔들은 아브라함을 정신병자나 미치광이 취급할 것이고 더 이상 그런 주인을 신뢰하지 않을 것이기에 이러한 행위는 아브라함이이끄는 공동체의 지도력 붕괴로 이어질 것입니다.

(5) 아들이 있는 아브라함의 종들은 아브라함이 그의 아들 이삭을 드린 사실을 보면서 두려움을 가지게 될 것입니다. 아들 이삭도 아낌없이 바쳐졌다면 언젠가는 자신들의 아들들도 드려질 것이라고 여기며 두려워할 것이고 급기야 도망치거나 반항을 준비할 것입니다. 무엇보다 아버지로서 절대로 해서는 안될 일이며, 이런 결정은 건전하고 올바른 신앙생활을 하는 것이 아닙니다. 그래서 이삭을 드릴 수 없습니다!

드릴 수 없는 이유들을 객관적이고 상식적인 입장에서 제시하면 청중은 아브라함의 문제를 자신의 문제처럼 느끼게 되고 설교자의 음성에 집중하게 됩니다.

4) 설교자가 아브라함의 입장에서 그의 심적인 상태, 즉 고민과 갈등을 말하게 될 때 문제를 더 문제답게 강하게 드러낼 수 있게 됩니다.

아브라함도 인간이며 한 아이의 아버지입니다. 아들을 드리라는 하나님의 음성 앞에서 아무런 갈등도 고민도 없이 "아멘" 하고 드렸을 수는 없습니다. 얼마나 당황스러웠겠습니까! 아내에게도 이삭에게도 차마 아무런 말도 못하고 고민하는 아브라함! 사흘 동안 아들과 생애 마지막 여행을 하는 아버지의 심정을 설교자의 음성으로 들려주고 보여준다면 청중은 아브라함의 문제를 자신의 문제로 받아들이고 더욱 깊이 공감하게 됩니다.

5) 문제가 선명하고 분명할수록 해결의 에너지도 강하게 다가옵니다.

그렇게 되기를 원한다면, 청중의 시각으로 문제를 보십시오. 청중은 문제를 보여주는 설교자를 통하여 자신의 문제를 발견하고 치유하시려는 하나님의 음성을 듣게 됩니다.

F3-성경(본문) 문제 해결

본문에서 제기된 주인공의 문제가 해결되어 가는 과정을 구체적으로 보여주어야 청중이 자신의 문제도 해결될 수 있다는 확신을 가집니다. 설교자의 입장에서 일방적으로 해결을 강요하는 식의 설교는 청중의 마음을 닫아버리게 합니다. 대신, 설교자는 본문을 중심으로 문제 해결을 이끄시는 하나님의 모습을 두 가지로 보여줄 수 있습니다.

1. 문제 한가운데 있는 주인공의 움직임을 통한 해결입니다.

하나님께서 본문의 문제를 해결하실 때 인간(주인공)의 헌신적인 신앙을 통하여 문제를 해결하시는 과정을 보여주십니다.

F2에서 이삭을 드리라는 문제를 안고 있던 아브라함이 이 문제를 해결하기 위해서 어떻게 움직였는지를 구체적으로 보여주어야 합니다. 이 과정에서 청중은 자신의 문제도 해결될 수 있다는 확신을 가지게 되고 문제해결을 위해서 움직이게 됩니다.

본문에 등장하는 인물의 움직임이 선명하게 기록되었을 때는 설교자도 별다른 어려움 없이 그 문제의 해결 과정을 말할 수 있지만 만약 그것이 생략되고 압축되어 있다면 위에서 언급한 것처럼 합리적인 추론을 통하여서라도 반드시 등장인물의 헌신과 행동을 구체적으로 드러내야 합니다. 설교자가 이 부분을 얼마나 강하게 드러내느냐에 따라 청중의 움직임도 결정되기 때문입니다.

1) 아브라함은 이삭을 드리기 위해서 어떻게 행동했습니까?

아버지로서 아브라함은 하나밖에 없는 아들을 아무런 감정도 없이 무조건 드리지는 않았을 것입니다. 하나님의 일방적인 요구 앞에서 아브라함의 그 결단은 평범한 아버지로서의 결정이 아니라 신앙적인 결단이 있었기에 가능했던 것이었습니다.

믿음이 있었기에 이런 신앙적 결단을 할 수 있었습니다. 어떻게 평범했던 아브라함은 이 믿음의 결단을 내리는 사람이 될 수 있었을까? 아브라함이 이 믿음으로 이삭을 드리기 위해서 어떻게 행동했는가를 구체적으로 말해야 합니다. 이것이 인간의 헌신을 통하여 문제를 해결하시는 하나님의 방법 중 하나입니다. 이제 구체적으로 아브라함의 해결을 위한 믿음의 행동을 살펴봅시다.

내가 아브라함이라면 믿음으로 결단할 때 무엇을 제일 먼저 생각했겠습니까? 아마도 아내, 이삭의 어머니인 사라를 제일 먼저 떠올렸을 것입니다. 만일 이삭을 드리는 일을 사라가 알았더라면 아무리 아브라함이 믿음으로 나아가고자 했을지라도 쉽게 행동으로 옮겨지지는 못했을 것입니다.

(1) 그는 그 일에 방해가 될만한 사람들에게 말하지 않았습니다.

자신의 아내이자 이삭의 어머니인 사라에게 말하지 않았고, 당사자인 이삭, 그리고 종들에게도 그 계획을 철저하게 숨겼습니다. 이것이 아브라함의 문제 해결을 위한 믿음의 행동 중 하나입니다. 이들 중 한 사람이라도 알았다면 어찌 되었겠습니까?

(2) 시간을 지체하지 않고 아침 일찍부터 서둘렀습니다.

하나님께서 지정하신 장소는 3일 동안 걸어야 도착하는 거리입니다. 다시는 볼 수 없을지도 모르는 아들인데 이렇게 서두를 이유가 있겠습니까?

천천히 여유를 가지고 해도 되는데…. 그가 아침 일찍 일어나 길을 떠났다는 것은 자신이 내린 믿음의 결단에 대해 절대로 물러서지 않겠다는 아브라함 자신의 믿음의 표현입니다.

모리아 산으로 가는 그 3일간의 여정, 어쩌면 마지막이 될지 모르는 그 순간순간 아브라함은 아들 이삭에게 무엇을 말하고 싶었을까요?

그는 믿음의 사람입니다. 아마도 아들 이삭에게 아버지 아브라함은 하나님에 대하여, 특히 영생과 부활의 신앙을 심어 주려고 노력했을 것입니다.

(3) 그는 믿음으로 아들 이삭을 드렸습니다.

아들 이삭에게 제물 태울 장작을 직접 등에 지우게 하고 아들과 함께 쌓아올린 제단 위에서 그는 아들 이삭을 드렸습니다. 이것이 아브라함의 믿음입니다. 하나님은 아브라함이 정말로 아들 이삭을 죽여서 드리려 했던 그 믿음을 아셨기에 친히 소리치며 그만두게 하셨습니다. 이는 아브라함이 아들 이삭을 사실상 하나님께 드렸다는 증거입니다.

이처럼 설교자는 주인공의 문제 해결을 위한 믿음의 행동을 구체적이고 분명하게 보여 주어야 합니다. 이 주인공의 헌신적인 행동이 청중의 헌신을 이끌어내는 아주 중요한 역할을 하기 때문입니다.

주인공의 헌신(행동)을 드러낼 때 기억할 것은,
① 사건 해결을 위한 주인공의 행동을 시간적인 순서대로 드러내십시오.
② 문제 해결을 위한 주인공의 행동을 시작, 진행, 결과 순서로 말하십시오. 결과란 아브라함이 아들 이삭을 드린 것입니다. 이것이 문제 해결입니다.
③ 합리적이고 타당한 추론을 통하여 본문이 숨겨 놓고 생략한 부

분도 드러내십시오.
④ 신학적인 충돌이 생기지 않도록 하십시오.

이런 주인공의 문제 해결을 위한 과정을 무시한 채 무조건 결과만을 강조하는 것은 청중의 헌신을 위한 열망을 닫아버리는 것입니다. 설교자는 이 부분을 드러내기 위한 훈련을 반복적으로 해야 합니다.

2. 하나님의 직접적인 개입으로 인한 문제 해결입니다.

아브라함의 믿음이 아무리 뛰어나고 대단해도 하나님의 개입이 없이는 어떤 문제도 해결될 수 없다는 사실을 잊어서는 안 됩니다. 하나님은 살아 계신 분이십니다. 그러기에 어떤 문제를 해결해 주실 때 하나님이 가지신 감정(심정)과 그분만의 특성(속성)이 드러나게 됩니다.

설교자는 하나밖에 없는 아들을 드리는 아버지 아브라함을 바라보시는 하나님의 심정에 담겨진 것을 청중에게 보여주어야 합니다. 또한 어떤 문제도 하나님만 역사하시면 해결된다는 하나님을 향한 신앙을 갖도록 하나님의 무한한 능력을 그분의 속성을 통하여 보여주어야 합니다.

하나님은 아브라함이 아들 이삭을 믿음으로 드리도록 어떻게 행동하셨습니까?

1) 무엇보다 아버지 아브라함의 믿음이 흔들리지 않도록 붙들어 주셨습니다.

인간적인 아버지의 부성을 뛰어 넘는 믿음의 거성으로서의 모습을 잃지 않도록 강한 믿음으로 채워주셨습니다. 이런 하나님의 붙드심이 없이 어찌 인간적인 용기와 담력만으로 아브라함이 아들을 번제로 드릴 수 있었겠습니까!

2) 하나님은 아들 이삭에게도 또한 특별한 은혜를 주셨습니다.

번제로 이삭을 드리라는 하나님의 명령이 주어졌을 때 이삭의 나이는 제법 건장한 청년이었습니다. 백세를 훌쩍 넘긴 아버지 아브라함이 청년 아들을 어찌 무력과 강제로 결박하여 번제단 위에 올릴 수 있겠습니까? 이삭이 납득하고 스스로 움직이지 않으면 불가능한 일입니다.

아버지를 밀어 내고 도망칠 수도 있고, 아버지가 미쳤다고 산 아래 있는 종들과 함께 오히려 아버지에게 무력을 쓸 수도 있는 일입니다. 그런데 아무런 저항도 없이 결박당한 채 아버지의 칼날을 기다렸다는 것은 이삭의 마음에 하나님의 특별한 개입이 있으셨기에 가능한 일이었습니다.

그렇다면 하나님은 아들 이삭에게 어떤 은혜를 주셨을까요? 아버지 아브라함과 함께한 3일간의 여정과 지금부터 이루어질 모든 내용을 이삭이 듣게 되었습니다. 이 과정에서 하나님은 자신을 모리아산의 번제로 드려서 아버지 아브라함의 믿음을 온전케 하려는 믿음을 주셨습니다. 그래서 이삭도 믿음으로 스스로 번제단 위에 올라가서 죽음의 칼날을 무서워하지 않고 믿음으로 자신을 드렸습니다.

3) 하나님은 마침내 믿음의 부자(父子)들에게 최고의 번제를 드리게 하셨습니다.

당신께서 친히 준비하신 숫양으로 아브라함과 이삭이 함께 번제를 드리게 하신 하나님은 아버지도 아들도 이 숫양을 통하여 자신을 드리는 믿음의 고백을 하게 하심으로 최고의 제사를 받으셨습니다.

4) 이렇게 믿음으로 아브라함이 아들 이삭을 드렸을 때 모든 문제는 해결되었고 하나님은 아브라함에게 큰 복을 주셨습니다.
① 이삭을 다시 받는 복을 받았습니다.
② 믿음의 조상이 되는 복을 누리게 되었습니다.
③ 하나님을 더 깊이 알고 체험하는 복을 받았습니다.

이처럼 문제가 해결되어가는 중심에는 언제나 하나님이 계십니다. 그분의 해결은 어제도 오늘도 변함없이 동일하십니다. 설교를 통하여 해결의 하나님을 보여주어야 청중도 하나님을 해결의 중심으로 삼게 됩니다. 하나님이 해결하신 결과는 언제나 우리에게 복으로 남게 된다는 것도 설교자들이 놓치지 말고 강조해야 할 부분입니다.

지금까지 우리는 본문에서 등장인물들의 당면한 문제를 집중 조명함으로써 주어진 본문이 그 등장인물들의 고민을 통해 오늘날 우리 청중에게 무엇을 전하고자 하는가에 대하여 그 핵심을 짚고, 그 문제가 해결되는 두 가지 과정을 살펴보았습니다. 이제 본문의 문제를 통하여 청중의 문제가 무엇인가를 알게 하고 그 해결 방향을 찾도록 해봅시다.

F4-현 청중의 문제와 해결 방향

　F2와 F3에서는 성경(본문)의 관점을 찾아서 문제의식을 주고 하나님의 목적을 가진 해결의 과정을 보여 주었습니다. 이 과정이 필요한 것은 성경(본문)에서 제기된 문제가 현 청중의 문제이고 성경(본문)에서 문제가 해결되는 과정을 통하여 현 청중의 문제도 해결된다는 것을 보여주기 위함입니다. 그러므로 설교자는 F4를 통하여 성경 인물의 문제와 해결점을 중심으로 청중에게 적용해야 합니다.

　청중을 움직이려면 설교자는 두 단계의 적용과정을 밟아야 합니다. 하나는 청중의 문제가 무엇인가를 분명하게 드러내야 하고 다른 하나는 청중의 문제를 해결하는 확실한 방향(대안)을 제시해야 합니다.

　청중의 문제를 드러내기 위해서 반드시 지켜야 할 것이 있습니다.

1) 본문에서 제기된 문제와 청중의 문제를 동일시해야 합니다.
　다시 말하지만 F2에서 제기된 주인공의 문제가 현 청중의 문제이기 때문에 설교자는 설교 전체를 통해 하나의 관점으로 청중에게 문제의식을 주어야 합니다. 만일 본문의 문제와 청중의 문제를 동일시하지 않게 된다면 설교자는 한 번에 두 편의 설교를 하는 셈이 됩니다.

　예) F2에서 제기된 문제가 아들을 드리는 것이라면, F4에서 청중의 문제도 아들을 드리는 것이 문제로 제기되어야 합니다.

2) 현 청중이 문제로 인하여 겪고 있는 현실적인 아픔과 갈등을 말하십시오.

F2(본문)에서 제기된 문제로 주인공이 여러 종류의 아픔과 갈등이 있음을 드러냈듯이 현 청중도 동일한 문제로 갈등과 아픔을 겪고 있음을 지적해야 합니다. 이것을 드러내야 치유도 회복도 가능하기 때문입니다. 또한 설교자가 자신들의 문제와 아픔을 이해하고 자신들과 같은 심정으로 설교한다는 신뢰감이 생겨서 청중이 설교 속으로 한 걸음 더 다가오게 됩니다.

예) 오늘 우리에게도 아들을 요구하시는 하나님의 음성이 있습니다.

'다른 것도 아니고 왜 하필이면 아들일까? 아들을 요구하시는 하나님의 음성을 나는 받아들일 수 없다. 아무리 하나님이시라도 이건 너무한 것 아닌가? 혹시 하나님이 아들을 빼앗고 나를 망하게 하시려는 것인가? 차라리 나를 내놓으라 하시면 드리겠다! 하지만 내 아들만은 절대로 드릴 수 없다. 계속 아들을 요구하신다면 극단적인 선택을 할 수도 있다. 이런 말도 안 되는 요구를 하다니 그 명령을 하신 분이 내가 알던 하나님이 맞기는 한 것인가?'

청중은 이렇게 문제 앞에서 끊임없이 고민하고 갈등합니다. 이런 청중의 고민과 아픔의 현실을 외면한 채 일방적인 헌신만을 요구하거나 이런 고민으로 앓고 있는 청중을 믿음 없는 처사로 여기며 설교한다면 청중도 그런 설교자의 소리를 외면하고 말 것입니다.

문제를 안고 고민하고 갈등하는 청중은 해결을 갈망합니다. 자신의 문제가 해결될 수 있는 확실한 방법을 제시할 때 청중은 그 설교자의 음성을 하나님의 음성으로 듣게 됩니다.

문제의 해결(방향)을 제시할 때는 구체적이고 분명하게 해야 합니다.

1) 신앙으로 문제를 해결할 수 있도록 해야 합니다.

F3에서 본문의 주인공은 자신의 문제를 해결하기 위해 신앙으로 결단하고 행동했습니다. 현 청중도 당면한 현실 문제를 해결하기 위해서 신앙적인 결단을 하도록 격려해 주어야 합니다. 이를 위해 설교자는 현 청중이 신앙적인 결단을 할 수 있도록 신앙적 결단 용어(Point Word)를 주어야 합니다.

현 청중은 설교자가 제시하는 이 신앙적 결단 용어를 붙들고 비로소 자신의 문제 해결을 위하여 일어서게 됩니다. 이때 청중에게 주어지는 신앙적 결단 용어(PW)는 설교자가 청중의 신앙상태를 고려하면서 제시해 주면 됩니다. PW는 믿음, 순종, 사랑, 충성 등 청중이 자신의 신앙을 세우기 위해서 붙들 수 있는 신앙 용어입니다.

반드시 잊지 말아야 할 것은 한 편 설교에서 PW를 하나만 주어야 한다는 사실입니다. PW가 중복되거나 한 편 설교에 여러 개의 PW가 주어진다면 설교가 선명하게 들리지 않는다는 것을 꼭 명심해야 합니다.

F3에서 주인공이 믿음이라는 PW로 그의 문제 해결을 위해 움직인 것을 포착했다면, F4에서도 설교자는 현 청중에게 동일한 PW로 결단시키고 움직이도록 해야 합니다.

예 1) 우리가 어찌 아들을 드릴 수 있겠습니까?
아무도 믿음의 결단이 없이는 아들을 드릴 수 없습니다. 오직 믿음으로만 이 아들을 드릴 수 있는 유일한 방법입니다.

예 2) 우리도 아브라함처럼 아들을 드리기 위해서는 순종을 결심해야 합니다. 목숨 건 순종만이 우리의 아들을 요구하시는 하나님의 음성에 아멘 할 수 있습니다.

2) 문제 해결을 위해서 설교자는 반드시 청중을 움직여야 합니다.

F3에서 본문의 주인공이 문제해결을 위해서 움직였음을 구체적으로 드러낸 것처럼, 그것을 중심으로 설교자는 현 청중도 움직일 수 있는 방향을 제시해야 합니다. 청중 스스로 헌신(움직임)을 통하여 문제를 해결하도록 이끌어야 한다는 말입니다.

이때 주의할 것은 한꺼번에 너무 많은 헌신을 요구하지 말아야 합니다. 한편 설교의 문제해결을 위한 헌신을 하나씩만 제시한다면 청중으로 하여금 헌신을 위한 결단을 갖게 하기가 훨씬 수월하다는 이야기입니다. 본문에서 주인공이 헌신한 내용 중 가장 강력한 헌신이 될 만한 것 하나를 현 청중이 붙들고 움직일 수 있도록 현 청중의 언어와 상황으로 바꾸어서 헌신의 에너지로 제시하십시오.

예) 아브라함은 아들을 드리기 위해서 방해가 될 만한 요소들을 미리 제거했습니다. 아내 사라와 이삭, 종들에게도 말하지 않았습니다.
이 내용을 중심으로 현 청중에게 헌신을 이끄는 적용을 한다면 우리에게도 아들을 드리기 위해서 꼭 지켜야 할 것이 있습니다. 나의 헌신을 가로막을 수 있는 방해 요소들이 무엇인가를 먼저 살피고 그것들이 내가 이삭을 드리는 데 방해로 작용하지 않도록 철저하게 대비해야 합니다.

이렇게 청중을 움직일 수 있는 에너지를 본문의 주인공을 중심으로 직접 적용해서 제시하면 현 청중도 자신들의 문제해결을 위해서는 반드시 움직여야 한다는 것을 받아들이게 됩니다. 청중은 움직이기 싫어합니다. 자신들은 아무것도 하지 않은 채 하나님이 스스로 알아서 모든 것을 해결 해 주시기를 바랍니다. 청중의 이런 습성을 알고 있는 설교자라면 청중이 반드시 헌신하도록 철저하게 준비해야 합니다.

3) 현 청중에게 역사하시는 하나님을 보여주어야 합니다.

F3에서 본문의 주인공이 움직일 때 역사하셨던 하나님을 청중이 듣고 보았습니다. 이제 청중은 자신의 문제를 해결하시는 하나님을 만나고 싶어 합니다. 이런 욕구를 가진 청중에게 설교자는 오늘 나에게 역사하시는 하나님을 보여주어야 합니다. 그러나 여기에는 한 가지 문제가 있습니다. 청중의 문제가 해결되는 시점은 미래라는 사실입니다. 내일(현장) 역사하실 하나님을 어떻게 지금 보여줄 수 있다는 말일까요? 답은 의외로 간단합니다.

F3에서 본문의 주인공에게 역사하셨던 하나님의 방법과 행동을 현 청중의 문제를 해결하시는 하나님의 방법과 행동으로 시제를 바꾸어 적용하면 됩니다. 즉, 아브라함에게 역사하신 하나님을 오늘

나에게 역사하시는 하나님으로 적용하면 되는 것입니다.

　예) 아들 이삭을 드릴 수 있도록 하나님은 아브라함의 믿음을 흔들리지 않게 붙들어 주셨습니다.
　이 내용을 중심으로 오늘 현 청중에게 역사하시는 하나님을 드러낸다면, 하나님은 지금 이 시간 우리가 아들 이삭을 드릴 수 있도록 우리의 믿음을 굳건히 붙잡아 주십니다. 어떤 경우에도 흔들리지 않도록 당신의 두 손으로 우리를 붙잡고 계십니다.

　하나님을 만나야 현 청중이 움직입니다.
　아브라함의 하나님이 아니라 나의 하나님을 만나야 내가 움직입니다. 하나님을 보여주지 못하는 설교는 청중을 움직일 수 없습니다. 청중은 설교자를 통하여 하나님을 만나고 움직입니다.

F5- 결단과 축복

　지금까지는 아들 이삭을 드리기 위해서 청중이 움직여야 한다는 것을 말했습니다. 그렇다면 이제 오늘 내가 드려야 할 "아들 이삭"이 무엇인가를 말해주어야 할 차례입니다.

　아브라함은 그의 친 자식을 하나님께 드렸습니다. 본문 말씀대로 한다면 당연히 우리들도 친자식을 드려야 하는 것이 마땅하지 않습니까? 하지만 누가 친 아들을 제물로 드릴 수 있겠습니까? 과연 하나님께서 오늘 우리에게도 이런 제물을 원하시겠습니까? 그렇지 않으십니다. 그렇다면 오늘 청중이 드려야 할 "이삭"이 무엇인가를 설교자가 당연히 말해 주어야 합니다. 하나님은 오늘 설교자가 이것을 말하기를 원하십니다. 이것이 설교의 목적이고 결단입니다.

　청중도 오늘 내가 드려야 할 이삭이 무엇인지를 분명히 인지하게 될 때 행동으로 나아가게 되고 변화를 향하여 나아가게 됩니다. 오늘 내가 드려야 할 이삭이 무엇인가를 알려주지 못하는 설교는 듣는 설교 그 이상을 기대할 수 없습니다. 반대로 오늘 내가 드려야 할 이삭이 무엇인가를 말해 준다면 청중은 움직이게 되고 설교에 대해 즉각적으로 반응하게 됩니다.

　청중을 움직이고 싶다면 반드시 결단을 시키십시오.

1) 이삭의 현대적 의미는 어떻게 찾아야 할까요?

　이삭의 현대적 의미를 찾아내어 청중에게 결단시키는 것은 순전히 설교자의 몫입니다. 설교자가 청중에게 어떤 변화를 줄 것인가에 대한 분명한 목적이 있어야 합니다.

이삭의 현대적 의미를 우리들은 다양한 각도에서 생각할 수 있습니다.

(1) 본문의 내용을 중심으로 아브라함이 이삭을 번제로 드린 것에 착안하여 설교자는 청중에게 예배를 결단시킬 수 있습니다. 이 결단은 본문의 중심을 벗어나지 않는 비교적 안전한 결단입니다. 하지만 청중은 늘 들어왔던 설교 이상의 의미로 받아들이지 않을 가능성이 높습니다. 중요한 결단 언어임에도 불구하고 귀에 익숙한 소리, 늘 반복되는 설교의 한 부분으로 생각하기 쉽다는 말입니다. 결국 변화에 대한 기대감이 떨어집니다.

(2) 설교자는 목회자입니다. 목회적인 관점으로 결단시켜야 합니다. 설교자는 설교를 듣고 있는 청중을 잘 알고 있습니다. 어떤 부분의 변화와 움직임이 청중에게 더 필요한지 알고 있다는 말입니다. 그렇다면 설교자의 목회적 관점을 이삭의 현대적 의미로 줄 수 있습니다.

생각해 보면 오늘 우리가 드려야 할 "이삭"은 쉽게 드릴 수 없는 어떤 것들입니다. 오늘 청중이 하나님께 드리는 데 어려움을 느끼고 쉽게 결단 할 수 없는 "이삭"들이 우리에게는 많이 있습니다. 그 중에 한 가지를 이삭의 현대적 의미로 결단하라고 한다면, 청중은 설교자가 제시하는 결단 아이템을 자신이 드려야할 "이삭"이라고 결단하게 됩니다.

이삭의 현대적 의미로 제시할 수 있는 아이템은 설교자가 설교를 듣는 청중에게 어떤 변화가 필요한지를 파악하고 목회적 관점으로 결단시키면 됩니다. 다시 말하면 설교자에 따라서 이삭을 십일조로 결단시킬 수도 있고, 주일성수로 결단시킬 수도 있는 것입니다.

본문에서 이삭을 드리는 것과 오늘 십일조를 드리는 것과의 연결고리를 찾지 못하는 설교자들은 이런 결단을 무모하고 상식 밖의 설교라고 혹독하게 비난할 수 있습니다. 그러나 곰곰이 생각해 보십시오. 본문을 중심으로 문제제기, 문제해결, 그리고 적용을 하지 않았습니까? 그렇다면 오늘의 청중에게 이삭과 동일시 될 만한 것들을 제시해야만 이 청중도 결단할 수 있게 되지 않겠습니까? 그렇다고 해서 아무거나 무리하게 아이템으로 제시한다면 결단은 커녕 설교자에 대한 반감만 생기는 것은 당연합니다.

2) 결단을 위한 아이템을 제시할 때 그것을 본문을 중심으로 주었든 목회적 관점으로 주었든 청중이 제시한(아이템) 결단을 받아들이고 움직일 수 있도록 구체적인 방법을 주어야 합니다.

청중은 자신의 결단을 어떻게 구체적으로 실천에 옮길 것인가에 대하여 고민합니다. 이런 고민을 설교자가 해결해 준다면 설교자를 더욱 신뢰하고 결단을 행동으로 옮기는 데 자신감을 갖게 됩니다.

※ 예를 들어 십일조에 대한 결단을 제시했다면,
① 십일조는 반드시 출석하는 교회에 드리십시오.
② 온전히 마지막 한 푼까지도 정확히 드리십시오.
③ 십일조를 쪼개어 다른 헌금으로 드리지 마십시오.
④ 월급은 물론, 부동산이나 기타 수입의 십일조도 반드시 드리십시오(집을 사고 팔거나 보험금 보상 등 모든 수입의 십일조를 의미함).
⑤ 아이들도 십일조에 동참하여 복을 쌓게 하십시오.

이 외에도 더 구체적으로 결단을 실천하도록 방법을 제시할 수 있습니다. 결단을 제시할 때는 실천 가능한 것, 누구나 할 수 있는 것으로 구체적인 방법을 제시하여 청중이 "나도 해야겠다"는 의지를 갖도록 하는 것이 무엇보다 중요합니다.

3) 결단으로 제시된 아이템과 함께 복을 주어야 합니다.

복을 주지 않고 실천만 강요하게 되면 청중은 돌연 사나운 맹수로 변합니다. 그러나 결단을 통하여 주어질 복을 청중이 미리 보게 된다면 행동하려는 의지가 강해집니다.

그렇다면 어떤 복을 어떻게 제시해 주어야 할까요?

두 가지 방법으로 복을 줄 수 있습니다. 하나는, F3에서 본문의 주인공이 문제 해결 이후 결과로 받은 복을 청중의 복으로 바꾸어서 보여주는 것입니다.

예) 아브라함은 이삭을 드린 후에 믿음의 조상이 되는 복을 받았습니다. 오늘 우리도 '이삭'을 드림으로 모든 사람들의 믿음의 모델이 되는 복을 누리게 됩니다.

또 하나는, 결단 아이템으로 제시된 것을 행동함으로 주어지는 복을 선포하면 됩니다.

예) 십일조를 결단 아이템으로 제시했다면,

하나님은 오늘 우리에게 십일조를 통하여 큰 복을 주십니다.

말라기 3:10절에서 하나님은 십일조를 드린 자에게 큰 복을 선포하셨습니다.

① 하늘 문이 열리는 복을 주십니다.

② 복을 쌓을 곳이 없을 만큼 부어주십니다.
③ 복이 새어나가지 않도록 하나님이 직접 막아주십니다.
④ 모든 사람이 나를 복의 사람으로 인정하고 부르게 되는 복을 주십니다.

지금까지 좋은 그릇에 담기 위해서 그릇의 각 기능들을 살펴보았습니다. 이제 실제로 본문을 가지고 이 그릇에 설교를 담아 봅시다.

3) 프레임(Frame) 설교의 실제

> **설교제목 : 내 이름 아시죠**
> 설교본문 : 누가복음 19:1-10
> 중요인물 : 삭개오
> 핵심관점 : 올라가다

F1 - 청중의 마음 열기

무엇이든지 집어넣으면 두 배가 되어 나오는 자판기가 있었습니다. 100원을 넣으면 200원이 되어 나오고, 200원을 넣으면 400원이 되어 나왔습니다. 어느 날 이미자가 그 소문을 듣고 자기가 들어가면 어떻게 되는지 알고 싶어 직접 그 자판기 안으로 들어갔습니다. 그런데 이게 웬일일까요! 잠시 후 나온 것은 사미자였습니다.

옆에 계신 분들과 인사합시다!
"사랑합니다, 축복합니다."

살다 보면 주변에서 이해할 수 없는 사람들을 보게 됩니다. 오늘 성경에 등장하는 사람도 이런 사람들 중 한 사람입니다.

F2 - 본문 문제 제기(설교를 이끄는 관점)

당시 유대는 로마의 속국이었습니다. 유대인들에게는 자유가 없었습니다(정치적인 자유, 경제적인 자유가 없는 억압된 사회). 이처럼 유대인들에게 불리한 상황에서 삭개오는 유대인임에도 불구하고 로마인에게 인정받는 사람이었습니다.

그는 유대의 세리장으로 상당한 권세와 부와 명예를 거머쥐고 있는 대단한 사람이었습니다(오늘날로 보면 국세청장). 이런 삭개오가 사람들이 쉽게 이해할 수 없는 행동을 하려고 합니다. 바로 돌무화과 나무 위로 올라가려고 하는 것입니다. 다 큰 어른이 왜 아이들처럼 나무 위에 올라가려고 할까요?

삭개오는 보통 사람이 아닙니다. 그는 나무 위에 올라가면 안 되는 사람입니다. 왜 올라가면 안될까요?

1) 그는 로마와 유대인들이 주목하는('주목한다'는 단어에는 +의미도 있고, -의미도 있습니다. 즉 좋은 뜻에서 주목하는 것도 있고, 안 좋은 의미로 주목할 수도 있다) 특별한 사람입니다.

2) 삭개오가 특별한 것은 로마를 대신해서 세금을 거두기 때문입니다. 이 일로 인해 삭개오는 유대인들에게 자신들의 재산을 빼앗아가는 나쁜 사람으로 평가를 받기도 했습니다. 그러므로 삭개오는 로마와 유대인 모두에게 특별한 감정을 불러일으키는 사람이었습니다. 이런 의미에서 삭개오는 늘 사람들로부터 주목받는 사람이었습니다.

3) 그런 사람이 나무 위에 올라가서 자신을 노출시키는 것은 위험합니다. 혹시 삭개오에게 나쁜 감정을 가지고 있거나 원한을 가진 사람들이 있다면 그 기회를 이용하여 복수할 수도 있기 때문입니다.

4) 삭개오가 가진 지위를 보면 삭개오는 지금 40대 후반이나 50대 정도 나이입니다. 만일 나무에 오르다가 떨어지기라도 한다면 큰 일이 날 수도 있습니다.

5) 더구나 예수님 때문에 올라간다는 소문이 로마인들의 귀에 들려진다면 삭개오는 그의 전부를 잃을 수도 있습니다(이유는 더욱 많아질 수 있습니다).

이런 저런 이유를 생각해 볼 때, 그는 절대 나무 위로 올라가서는 안 됩니다. 만일 삭개오의 가족들이 이 사실을 알았다면 가만히 있었을까요?(절대로 답하지 마십시오)

이런 위험한 상황을 알면서도 삭개오는 나무 위로 올라가고 싶습니다. 삭개오도 자신이 나이가 들었다는 것을 알고 있습니다. 올라갈 것을 결심하고 나무 위를 쳐다보니 갑자기 다리가 후들거리고 식은땀이 나기 시작합니다. 아무도 없는 주변을 자꾸 두리번거리기만 합니다.

예수님을 만나려고 나무 위에 올라간 것이 로마인들에게까지 소문이 나서 자신과 가족들이 길바닥에 내동댕이쳐지는 생각이 자꾸 눈앞에 아른거립니다(심리적 갈등).

F3 – 성경(본문)의 문제 해결

그러나 삭개오는 더 이상 머뭇거릴 수만은 없었습니다(플러스 상황으로 청중을 이끌어가야 합니다). 자신이 예수님을 보고 싶어하는 그 마음, 그 강한 열정(PW)을 멈출 수가 없었습니다. 마이너스

(-)로 표현했지만 의미는 플러스(+)입니다. 결국 플러스(+) 신앙으로 상황이 바뀐 것입니다.

1) 삭개오는 예수님을 향한 열정으로(삭개오가 한 일들을 드러내야 합니다) 나무 위로 올라갔습니다.

(1) 그가 나무 위에 올라간 것은 예수님께 열정을 쏟아 낸 것입니다. 삭개오는 자신이 예수님을 향하여 열정을 품고 있다는 것을 아무에게도 말하지 않았습니다(-). 만일 삭개오가 이런 사실을 미리 말했다면 어떻게 되었을까요?(대답 할 필요 없습니다)

(2) 그의 열정은 삭개오로 하여금 예수님을 만날 준비를 하게 했습니다. 키가 작고, 사람들이 많아서 물러선 것이 아닙니다. 그의 열정이 예수님을 만날 수 있는 자리를 준비하려고 나무 위에 올라갔습니다.

(3) 그는 모든 것을 던져버리고 열정 하나로 나무 위에 올라갔습니다. 그의 열정은 그가 가진 모든 것을 예수님을 위하여 포기하게 했습니다.

2) 이런 열정으로 삭개오가 나무 위로 올라갔을 때 예수님께서 찾아오셨습니다.

1) 삭개오가 준비한 그 열정의 자리에 찾아오셔서 삭개오의 이름을 부르시며 그의 열정에 응답하셨습니다.

2) 삭개오의 열정대로 그의 집으로 가셔서 그를 독대하셨습니다. 그의 열정대로 예수님은 자신을 마음껏 내어주셨습니다.

3) 예수님은 삭개오의 열정이 거짓이 아님을 그의 고백을 통하여 증명하셨습니다. 그리고 그를 진정한 신앙의 사람으로 인정하셨습

니다.

  삭개오가 열정으로 올라가서 예수님을 만났을 때 삭개오에게 엄청난 일이 일어났습니다. 예수님과 삭개오는 떼어낼 수 없는 관계가 되었습니다. 그리고 삭개오의 삶이 변했습니다. 바로 이것이 예수님을 만난 사람만이 누릴 수 있는 진정한 행복과 기쁨입니다.

F4 – 현 청중의 문제와 해결

  사랑하는 성도 여러분!
  오늘 우리에게도 올라가야 할 나무가 있습니다. 하나님은 우리 모두가 이 나무 위로 올라가기를 원하십니다.

  1) 그런데 우리는 이 나무 위에 올라가지 않으려고 합니다.
  (1) 나무 위에 오르기에는 나이가 너무 많다거나 나무에 오르는 일은 체면을 구기는 일이라거나 왜 내가 나무에 올라가야 하느냐고 항의를 하기도 합니다.
  (2) 어떤 사람은 나무에 오르다 문제라도 생기면 누가 책임을 질 것인가 따지기도 합니다.
  (3) 어떤 사람은 지금은 바빠서 올라갈 수 없으니 나중에 시간이 되면 꼭 올라가겠다고 말만 합니다. 그래서 오면서 가면서 늘 그 나무를 쳐다만 보고 있습니다. 늘 마음만 먹습니다. 그래서 우리의 삶 속에는 늘 고민과 갈등과 괴로움이 반복적으로 일어나고 있을 뿐 해결은 되지 않고 있습니다.
  이런 생각과 삶에 우리가 머물러 있는 한 우리에게는 어떤 기적도 일어나지 않습니다. 이제는 우리도 머뭇거리지 말고(여기서 청중은 삭개오를 떠올리게 됩니다) 우리도 올라갑시다.

그러면 우리가 나무에 올라가기 위해서 무엇이 필요할까요? 밧줄이 필요합니까? 아닙니다(-).

2) 우리가 나무 위에 올라가기 위해서는
열정(PW)이 필요합니다. 열정만 있으면 누구든지 올라갈 수 있습니다. 이제 우리도 열정으로 올라갑시다. 오늘 열정을 손에 쥐고 올라갑시다. 열정이 나무에 오를 수 있는 비결입니다.

3) 이렇게 열정으로 올라가기만 하면,
(1) 예수님이 열정의 사람인 나를 만나주시려고 찾아오십니다. 열정이 예수님을 만나는 유일한 비결입니다.
(2) 내 이름을 불러 주십니다. 내 모든 문제를 아시고 해결해 주십니다.
(3) 나와 내 집과 나와 관계된 모든 것에 지속적인 은혜를 주십니다.

F5 - 결단과 축복

그렇다면! 오늘 우리가 올라가야 할 나무는 무엇입니까?
예수님을 만날 수 있는 예배의 자리가 우리가 올라가야 할 나무입니다. 우리는 그 자리로 올라가야 합니다. 예배의 자리에서 예수님은 우리가 올라오기를 기다리고 계십니다.

1) 예배의 자리는 이렇게 올라가야 합니다.
(1) 가장 중요한 것은 열정을 가지고 올라가야 합니다. 예배의 자리는 예수님이 나를 기다리시는 자리이기 때문입니다.
(2) 예배의 자리에 올라가려면 미리미리 준비를 해야 합니다.
(3) 일찍 올라오셔야 합니다. 앞자리부터 앉아서 나만의 열정을 보이십시오!
(4) 설교=예수님의 음성에 집중해야 합니다. 방해되는 요소를 제거해야 집중할 수 있습니다. 핸드폰은 일찌감치 꺼야 합니다. 다른 곳에 시선을 빼앗기지 말아야 합니다. 성경 읽거나 주보를 읽거나 필요 이상의 필기도 하지 마세요.

2) 이렇게 우리가 예배의 자리로 올라갔을 때 예수님은 우리를 그냥 돌려보내지 않으십니다.
(1) 우리의 소원이 이루어집니다(문제해결).
(2) 새로운 인생이 시작됩니다(사실 우리는 매주일 새로운 인생을 시작한다). 오늘 이 예배의 자리에 올라온 우리에게 하나님은 새로운 삶을 주십니다.
(3) 많은 것을 주기보다는 하나를 집중해서 주면 됩니다.

설교제목 : **죽으면 죽으리라**
설교본문 : 창 17:9-14
중요인물 : 아브라함
핵심관점 : 할례를 행하라

F1 - 청중의 마음 열기

방학이 되면 바빠지는 병원이 있습니다. 바로 성형외과와 비뇨기과입니다. 방학을 이용해 남자 아이들이 포경수술을 하기 때문입니다. 그런데 많은 어린이들 틈에 나이가 꽤 많아 보이는 할아버지 한 분이 계셨습니다. 당연히 손자를 데리고 온 줄 알고 간호사가 물었습니다.

"할아버지 어떻게 오셨어요?"
할아버지가 하는 말이 "나도 수술을 받으러 왔어."
깜짝 놀란 간호사가 말합니다.
"할아버지 연세가 어떻게 되세요?"
"아흔아홉이여!"

여러분, 의사가 과연 이 할아버지에게 순순히 수술을 해 줄까요!!

F2 - 문제 제기(설교를 이끄는 관점)

아브라함은 75세에 놀라운 약속을 받았습니다.

"내가 너로 큰 민족을 이루고 네게 복을 주어 네 이름을 창대하게 하리라"(창 12:2). 아브라함은 이 약속을 붙잡고 후손 즉 아들에 대한 희망을 키우기 시작했습니다. 그로부터 11년이 지난 86세 때 아내 사라의 여종인 하갈을 통해서 이스마엘을 얻게 되었습니다. 그 후로 아브라함은 정말 행복하게 지냈습니다. 아브라함은 이스마엘의 성장을 지켜보면서 자신의 생애를 마무리하려고 했습니다.

그러던 어느 날, 하나님께서 아브라함을 찾아 오셨습니다. 그리고 아브라함에게 특별한 말씀을 주셨습니다. 그것은 할례를 행하라는 말씀이었습니다. 아브라함 혼자만 할례를 받는 것이 아니라 그의 아들과 집안의 모든 종들을 포함해서 그에게 속한 모든 남자들에게 전부 할례를 행하라고 말씀하셨습니다.

여러분! 할례가 무엇인지 아십니까? 할례는 남자의 포피를 베는 것입니다. 아이들에게 행하는 포경수술입니다.

1) 아브라함은 할례를 받을 수 없었습니다.

(1) 할례를 받기에는 아브라함의 나이가 99세로 너무 많았습니다. 당시에는 의학기술이나 제대로 된 마취제나 항생제가 없었습니다. 수술 도구라고 해봐야 돌로 만든 칼이 전부였습니다. 당시 역사 자료를 보면 할례를 행하다가 10명 중에 한 두 명은 목숨을 잃었다고 합니다. 따라서 나이가 많은 아브라함이 할례를 받는다면 회복하지 못하고 죽을 가능성이 아주 높습니다.

(2) 부족 전체가 위험에 처할 수도 있기 때문입니다. 모든 남자가

할례를 받는다면 최소 3-5일 동안은 꼼짝할 수가 없습니다. 이때 주변의 다른 부족이 이 사실을 알고 공격이라도 해온다면 속수무책으로 몰살당할 수 있기 때문입니다.

한 예로 창세기 34장에 보면, 히위족속 중 하몰의 아들 추장 세겜이 야곱의 딸 디나를 유혹해서 강제적으로 성폭행하는 사건이 나옵니다. 이때 야곱의 아들들이 복수하기 위해서 계략을 꾸몄습니다.

세겜의 남자들이 다 할례를 받으면 그들과 교류하겠다는 제안을 했고, 세겜 사람들은 그 말을 믿고 모든 남자들이 할례를 시행했습니다. 그 후에 어떤 일이 벌어졌습니까? 고통이 가장 심한 제 삼 일에 아직 그들이 아파할 때에 야곱의 두 아들이 기습 공격하여 세겜 사람들을 모두 죽여버렸습니다.

이와 같이 만일 아브라함과 그에게 속한 모든 남자들에게 한꺼번에 할례를 행하게 된다면 부족 전체가 몰살을 당할 수 있는 위기가 올 수도 있기 때문에 절대 집단 할례를 받으면 안 되는 것입니다.

(3) 아브라함의 지도력에 문제가 생길 수도 있습니다.

더구나 모든 남자들이 목숨을 걸고 아브라함의 말을 따른다는 보장이 없습니다. 더구나 갓 태어난 아기로부터 임종을 앞둔 할아버지까지 할례를 받으라니 아기 엄마들이나 할아버지의 가족들이 가만히 있겠습니까? 자칫하면 식솔들의 원망, 불평, 더 크게는 소동도 일어날 수 있기 때문에 할례를 받아서는 안 됩니다.

아브라함은 참으로 곤란해졌습니다. 할례를 행하자니 너무 많은 주변의 위험과 죽음의 그림자가 가까이 오는 것만 같았습니다. 그렇다고 할례를 안 받자니 하나님의 말씀을 거역하는 것이 되고…. 아브라함의 고민은 이루 말할 수 없었습니다. 잠도 잘 수 없었습니다. 밥도 제대로 먹을 수가 없었습니다. 아무리 생각해도 하나님께서 왜 이런 명령을 내리시는지 도저히 이해할 수 없었습니다. 하나님을 향한 원망의 마음도 들었습니다.

F3 – 본문 문제 해결

하지만 아브라함은 혼란스런 상황만을 탓하며 주저앉아 있을 수만은 없었습니다. 그는 일어서기 시작했습니다.

1) 아브라함을 다시 일으킨 것은 다름 아닌 바로 그의 '믿음' (PW)이었습니다.
만일 자신과 온 부족이 할례를 행하다가 돌이킬 수 없는 불행을 당하게 되더라도 그는 하나님을 향한 믿음으로 할례를 행하기로 결심했습니다.
　(1) 아브라함은 믿음으로 하나님의 말씀을 그대로 전하며 온 부족들이 믿음으로 할례에 동참할 것을 설득했습니다.
　(2) 아브라함은 믿음으로 자신과 그의 아들에게 가장 먼저 할례를 행했습니다.
　(3) 그리고 갓난아이부터 임종을 앞둔 노인까지 한 사람도 빠짐없이 모든 남자에게 할례를 행했습니다.

2) 이렇게 죽음을 각오하고 아브라함이 할례를 받을 수 있었던 것은 아브라함의 용기나 배짱이 아니라 하나님의 도우심이 있었기에 가능했습니다.

- (1) 무엇보다 하나님께서 아브라함에게 믿음을 주셨기 때문입니다. 이것은 인간의 담력이나 용기만으로는 행할 수 없는 일입니다.
- (2) 믿음으로 할례를 받을 때 아브라함과 그에게 속한 모든 남자들이 걱정하고 염려했던 그 어떤 문제도 일어나지 않게 해 주셨습니다. 한 명도 죽지 않고 건강하게 지켜 주셨습니다. 다른 부족들이 침략하지 못하도록 지켜주셨습니다.
- (3) 대단히 위험이 따르는 명령이었지만 모든 식솔들이 믿음으로 하나 되게 하셔서 전보다 더 강한 결속이 이루어지도록 복을 주셨습니다.

3) 이렇게 믿음으로 할례를 받은 아브라함에게 하나님은 큰 복을 주셨습니다.
- (1) 아들을 주시겠다는 분명한 약속을 해 주셨습니다. '그가 이르시되 내년 이맘때 내가 반드시 네게로 돌아오리니 네 아내 사라에게 아들이 있으리라'(창 18:10). 하나님은 약속대로 99살 된 아브라함에게 아들 이삭을 낳게 하셨습니다.
- (2) 모두가 아브라함을 더 신뢰함으로 그의 지도력과 리더십이 더욱 강해졌습니다.
- (3) 당시 주변의 부족들 중에 가장 강력한 부족이 되는 복을 주셨습니다.

F4 - 현 청중의 문제와 해결

사랑하는 성도 여러분!!

1) 하나님께서는 오늘 우리에게도 할례를 받으라고 하십니다.

그러나 우리는 이런저런 이유를 대면서 할례를 외면하고, 무서워하고, 두려워하며 "나는 할례를 행할 수 없습니다"라고 뿌리치며 살고 있습니다. 그리고 할례를 말할 때마다 귀를 막고 듣기 싫어합니다.

그래서 할례를 행하지 않은 채 신앙생활 하고 있는 것이 늘 부담스럽습니다. 하나님이 말씀하시는 모든 것들이 다 부담스럽습니다.

모든 것을 할례와 연관 지어서 생각하고 시험과 불평이 계속되는 신앙생활을 합니다. 할례 없는 신앙생활을 기대해 보기도 합니다. 입만 열면 이 '할례' 때문에 힘들어 죽겠다고 합니다.

2) 이렇게 부담스럽고 은혜가 되지 않는 신앙생활을 언제까지 계속해야 하겠습니까?

오늘 이 문제를 청산하고 할례를 행하여 새로운 신앙으로 다시 일어나시길 바랍니다. 성도 여러분, 할례 없는 아브라함은 없습니다.

(1) 할례를 행하려면 제일 먼저 믿음이 필요합니다.

믿음이 할례를 받을 수 있도록 만들어 줍니다. 믿음이 아니고서는 절대로 할례는 불가능합니다. 할례는 병원에서 하는 것이 아닙니다. 할례는 손으로 하는 것도 아닙니다. 할례는 '오직' 믿음으로만 행하는 것입니다.

(2) 두 손을 불끈 쥐고 마음을 강하게 하십시오!

아브라함이 죽음을 각오하고 할례를 받았듯이 우리도 '죽으면 죽으리라'는 각오로 할례를 받아야 합니다. 우리가 죽을 각오로 할례를 행하면 하나님은 우리를 도와주십니다. 우리가 할례를 능히 행할 수 있도록 큰 믿음을 주십니다. 할례로 인하여 걱정하고 염려했던 어떤 문제도 일어나지 않도록 책임져 주십니다.

(3) 지금 할례를 하기만 하면 하나님이 나를 위하여 큰일을 준비하시고 내 인생을 기적으로 바꾸어 주십니다. 할례가 내 인생을 바꾸는 에너지입니다. 할례가 축복의 통로입니다.

F5 – 결단과 축복

사랑하는 여러분!
우리도 아브라함처럼 할례를 행하여 큰 복의 주인공이 됩시다.
그럼 오늘 우리가 받아야할 '할례'는 무엇일까요?
아브라함이 목숨을 걸어야 할 만큼 힘든 것이 할례였습니다. 오늘 우리에게도 아브라함의 할례만큼 힘든 것이 있습니다. 바로 십일조입니다. 이 십일조가 오늘 우리들에게 말씀하시는 '할례'의 음성입니다. 십일조는 하나님께서 오늘 우리에게 목숨 걸고 행하기를 요구하시는 시대적인 요구입니다. 십일조가 나를 큰 복의 주인공으로 만들어주기 때문입니다.

그러면 십일조는 어떻게 해야 합니까?

1) 온전하게 해야 합니다.

생활비의 십일조가 아니라 수입의 십일조를 해야 합니다. 아주 작은 끝전이라도 떼지 말아야 합니다. 십일조에서 감사헌금, 선교헌금, 건축헌금 등 다른 것을 나눠서 드리지 말고 십일조는 십일조로만 드려야 합니다.

2) 십일조는 출석하는(등록한) 교회에 드려야 합니다.
만일 십일조로 돕는(선교하는) 교회가 있다면 등록된 교회에 십일조를 하고 등록된 교회가 그 교회에 선교하게 하면 교회와 본인이 더 큰 복을 받습니다.

3) 십일조는 가족이 다함께 참여해야 합니다.
자녀들이 어려서부터 십일조를 드리도록 해야 더 큰 복의 주인공이 됩니다. 유명한 억만장자 록펠러는 어렸을 때 그 어머니가 어린 록펠러에게 두 개의 크고 작은 주머니를 만들어 주었다고 합니다.

그래서 100원이 생기면 동전을 열 개로 바꾸어서라도 9개는 큰 주머니에, 1개는 작은 주머니에 넣어서 십일조를 하게끔 교육시켰다고 합니다. 그렇게 어려서부터 하나님의 것을 구분할 줄 알게 하는 십일조 교육을 시킨 결과, 또 십일조를 철저하게 하나님 앞에 드린 결과, 하나님께서는 록펠러를 크게 축복하셔서 백만장자가 되게 하셨습니다. 록펠러 개인의 십일조만을 따로 정산하는 직원까지 두었다고 하니 얼마나 큰 축복을 받은 것입니까!

4) 그동안 십일조 생활을 하지 않았다면 오늘부터 시작하십시오.

5) 십일조를 하지 않는 것은 하나님의 것을 도적질하는 것이라 했습니다.
이것이 나를 복 받은 자가 되지 못하게 하는 원인입니다. 복을 가로막는 장애물이니 반드시 그 뿌리를 뽑아야 합니다.

　믿음으로 목숨 걸고 십일조 하면,
　(1) 하늘 문이 열리는 복을 받게 됩니다.
　(2) 내 창고에 쌓을 곳이 없을 만큼 넘쳐나는 복을 주십니다.
　(3) 딴 곳으로 물질이 새어나가지 않도록 하나님이 직접 막아 주시고 지켜주시는 복을 받습니다.
　(4) 내가 복의 주인공임을 모두가 알도록 복을 주십니다.

설교제목 : **3일간의 여행**
설교본문 : 창세기 22:7~12
중심인물 : 아브라함
핵심관점 : 아들을 번제로 드려라

F1 – 청중의 마음 열기

할렐루야! 하나님은 여러분을 사랑하십니다. 여러분도 하나님을 사랑하시면 아멘 합시다. 오늘도 하나님께서는 신령과 진정으로 예배드리는 자들에게 복 주실 줄 믿습니다. 오늘 예배의 복은 바로 여러분의 것이 되신 것을 축하합니다. 옆 사람과 웃는 얼굴로 축하인사를 나눕시다. 축하합니다. 반갑습니다. 참 잘 오셨습니다.

어떤 목사님이 신장병에 걸려 절친한 친구 목사에게 주일 설교를 부탁했습니다. 친구 목사는 설교 중에 담임목사님께 신장을 기증하실 성도들은 손을 들라고 했더니 많은 사람들이 자원했습니다. 그래서 친구 목사는 그 중에 한 명을 선발하기 위하여 오리털 하나를 날려서 가장 먼저 안착하는 성도에게 기회를 주기로 했습니다. 가장 먼저 오리털이 간 곳은 장로님이었습니다. 장로님은 자신에게 오리털이 오자 주여! 하고 날려 보냈습니다. 이번에는 권사님 자리로 가니까 아부지! 여전도회장은 놀렐루야! 이렇게 모든 사람들이 자신에게 날아오는 것을 거부하여 지금까지 오리털이 날아다니고 있다고 합니다. ㅎㅎㅎ.

누구나 할 수 있는 일을 하는 것은 헌신이나 희생이 아닙니다. 다른 사람들이 할 수 없는 힘들고 어려운 일을 하는 것이 진정한 헌신입니다. 여러분은 많은 사람들이 대형교회로 몰려가 편한 신앙생활을 하고 있는 이 시대에 개척교회를 섬기는 만큼 하나님이 분명히 기뻐하심으로 복을 주실 줄 믿습니다.

혹시 여러분 중에 취미가 여행인 분이 있습니까? 여행을 해 보신 분들은 알겠지만 참으로 여행은 즐겁고 행복한 시간입니다(집 나가면 개고생이라는 말도 있긴 한다만).

여기 백발이 성성한 할아버지와 한 젊은이가 모리아 산으로 여행을 시작합니다. 여행기간은 3일 동안입니다. 여행의 목적은 아들에게는 비밀입니다. 하지만 아버지는 알고 있습니다. 백발의 아버지 아브라함은 사랑하는 아들을 번제의 제물로 드리라는 하나님의 명령을 받습니다. 그래서 아들과의 마지막 여행을 떠납니다. 여행의 종착지에서는 아버지가 아들을 제물로 하나님께 바치게 됩니다.

어떻게 아버지가 아들을 제물로 드릴 수 있단 말입니까? 더욱이 번제는 사람을 칼로 죽여 흐르는 피를 제단에 뿌리고 몸은 각을 떠서 불에 태우는 일인데 어찌 이런 일을 하나님께서 명령하실 수 있단 말입니까! 더구나 아버지가 아들을 죽인다는 것은 말도 안 됩니다.

하지만 아버지는 아들을 결박하여 제단에 제물로 올려놓고 죽이려고 합니다. 아버지 아브라함은 과거에 하나님의 기적적인 은총을 경험했기 때문에 그럴 수도 있습니다. 그러나 이삭은 하나님의 기적적인 은총을 한 번도 경험한 적이 없는데 자신이 제단의 제물이 되려 하겠습니까? 참으로 말도 안 되는 일입니다. 혹시 여러분은 이러한 장면을 이해 할 수 있습니까?

　여러분에게 자식을 제물로 드리라는 명령이 떨어졌다고 가정해 보십시오. 아브라함처럼 쉽게 Yes라고 대답 할 수 있겠습니까? 자식의 입장에서 아무런 반항도 하지 않고 순순히 제물이 되겠다고 하겠습니까? 쉽게 답할 수 있는 문제가 아닙니다. 이처럼 우리가 신앙생활을 하다보면 때로는 제단에 바쳐야 할 때가 있고, 반드시 제단에 드려야 할 일들도 있습니다. 그러나 대부분의 사람들은 제단에 드리는 일을 하지 않습니다.
　그런데 본문에서는 아버지가 아들을 제물로 드리고 아들은 아버지의 뜻에 따라 제물이 되었습니다. 도대체 이들에게 어떤 일이 있었기에 그렇게 할 수 있었겠습니까? 여러분 궁금하지 않습니까?

F2 – 본문 문제 제기(설교를 이끄는 관점)

　하나님께서 기다리고 기다리던 아브라함에게 아들 이삭을 주심으로 가정에 평화가 찾아왔습니다. 이삭이란 이름의 뜻처럼 가정에는 웃음이 넘쳤습니다. 이삭으로 말미암아 두 아내인 사라와 하갈의 사이의 냉전도 잠시나마 해소되었고 아브라함의 실수로 말미암아 두 아내 사이에서 벌어졌던 아브라함의 갈등도 잠시 가라앉았습니다.
　아브라함은 이삭 덕분에 인생의 참맛을 느끼며 노년을 보내고 있었습니다. 이삭은 아브라함의 존재이유 그 자체였습니다. 이삭은 가정의 비타민이었고, 이삭이 앞으로 이룰 비전을 생각할 때마다 아버지는 그저 하나님께 감사하고 그저 하나님께 영광 돌리는 삶으로 행복해 했습니다.

그런데 어느 날 하나님께서 또 아브라함을 부르셨습니다. 아브라함은 하나님이 부르실 때마다 기대에 부풀어 있었습니다. 이번에는 또 무엇을 주실까 하고 촉각을 곤두세웠습니다. 그런데 오늘은 그야말로 하나님이 폭탄선언을 하셨습니다. 아브라함에게는 엄청난 충격이었습니다.

1) 독자 이삭을 제물로 하나님께 바치라는 명령입니다.

모리아 산까지, 그것도 3일 동안 걸어서 제물을 태울 장작을 이삭에게 지우고 산꼭대기까지 올라가서 제단을 만들고 그 위에 아버지가 아들을 꼼짝 못하게 줄로 묶습니다. 그리고 칼로 내리칩니다. 이삭의 피를 제단에 뿌리고 아들 몸을 불에 태웁니다. 이것이 하나님께서 아브라함과 이삭에게 요구하시는 제사였습니다.

여러분, 어떻게 부모가 자식을 불에 태워 드릴 수가 있겠습니까! 세상에 이런 부모는 없습니다. 만약에 이런 부모가 있다면 세상 어느 누구도 용서 못할 일입니다.

2) 아브라함도 우리도 자식은 드릴 수 없습니다. 왜 그렇습니까? 생각해 봅시다.

(1) 윤리에 어긋나고 천륜을 거스르기 때문입니다. 비인격적이고 비도덕적 행위로 사람으로서는 도저히 할 짓이 못되기 때문에 그렇

습니다.

(2) 더구나 예배의 수단으로 자식을 요구한다면 그것은 참 신앙을 전하는 종교가 아닙니다. 그것은 이방인들이 행하는 제사법입니다. 누가 이런 신앙을 갖겠습니까?

(3) 자식을 죽여서 무슨 목적을 이룬다면 누가 그를 정상인으로 보겠습니까? 정신 나간 사람으로 볼 뿐더러 아무도 그를 상대하려 하거나 받아 주지도 않을 것입니다.

(4) 더구나 이삭은 아브라함에게는 둘도 없는 유일한 아들입니다. 오직 한 명의 아들뿐입니다. 둘 중 하나를 드리라 해도 불가능한데 어찌! 하나 밖에 없는 아들을 빼앗아 갈 수 있단 말입니까?

(5) 만약에 사라가 이 일을 안다면 남편을 어떻게 취급하겠습니까? 아들을 살리기 위해서 필사적 노력을 다할 것 아니겠습니까? 종교에 미친 광신자라고 사람들에게 소문내고 다닐 것이 뻔합니다. 이삭에게도 알려서 절대로 아버지 말을 듣지 말라 하고 아버지 몰래 이삭을 미리 피신시킬 것입니다.

(6) 만약 제사를 드리고 왔다고 해도 이삭의 가정은 정상적인 삶을 살지 못할 것입니다.

눈에 넣어도 아깝지 않을 아들을 하나님께서 번제로 드리라고 하시니 아브라함은 온 천지가 자신을 짓누르는 고통을 느낍니다. 온 동네 사람들이 자식을 죽인 미친 광신도로 비난하며 정신 나간 아버지라고 손가락질 하는 모습들이 자꾸만 아브라함 눈에 아른거립니다. 주위 사람들의 수군대는 소리들이 귓전에서 떠나지 않아 잠을 못 이룹니다.

자식을 바라보니 참을 수 없는 눈물이 하염없이 흐르고 가슴 속에는 마치 기차가 경적을 울리는 것처럼 심장이 고동칩니다. 아브라함은 혼잣말로 이렇게 중얼거리기도 합니다.

'자식을 요구하시는 하나님을 믿고 계속 따라가야만 합니까? 이 길을 벗어날 수는 없습니까?'

F3 – 본문 문제 해결

그런데 하나님의 명령이 아브라함에게 떨어지자 아브라함은 고통을 억누르고 믿음으로 결심합니다. 이전에도 아브라함에게 기적을 베푸신 하나님을 온전히 믿고 신뢰하기로 결심합니다.

1) 이처럼 누구도 드릴 수 없는 자식을 드리겠다고 결심한 아브라함은 믿음으로 둘도 없는 자식을 하나님께 제물로 드리기 위해 다음과 같이 행동합니다.

(1) 아침에 일찍 일어났습니다. 혹시나 마음이 변할까봐 일찍 일어난 것입니다. 이것은 단호하고도 확고한 믿음으로 그의 믿음이 살아있음을 우리에 보여주는 것입니다.

(2) 3일의 여정 가운데 아들과 함께 동행하면서 아브라함은 아들에게 부활신앙을 가르쳤습니다(히 11:17-19).

3일간의 여행길 동안 인간으로는 도저히 불가능한 이삭의 출생을 하나님이 이루신 위대하심을 가르쳤습니다. 그리고 제물로 하나님께 드려진다고 해도 하나님이 다시 살리시는 부활의 신앙을 이삭에게 심어주었습니다. 참으로 짧은 3일간의 여행이었지만 아버지와 아들 모두 믿음을 함께 갖는 소중한 시간이었습니다.

(3) 이 믿음으로 아브라함은 모든 방해 요소를 물리쳤습니다.

아내 사라에게 절대로 말하지 않고 비밀을 지켰습니다. 만약 아내가 눈치채기라도 한다면 아들을 숨기고 필사적으로 반항할 것이기 때문입니다. 식솔들에게도 절대 말하지 않았습니다. 소문을 퍼트리면 하나님과 약속한 것이 모두 물거품이 되기 때문입니다. 심지어 종들까지도 산 아래로 따돌렸습니다.

하나님의 일을 방해하는 사탄의 정체를 아브라함은 누구보다도 잘 알았기 때문입니다. 그리고 이삭을 제단 앞까지 데리고 올라갔습니다.

(4) 그리고 믿음으로 이삭을 드렸습니다. 이삭은 믿음으로 자신을 드렸습니다. 우리는 믿음으로 하나님께 드리고 드려지는 참으로 놀라운 믿음의 두 사람, 믿음의 부자(父子)를 보게 됩니다.

2) 아브라함과 이삭이 이와 같은 믿음을 가질 수 있었던 비결은 무엇일까요?

(1) 하나님께서 아브라함에게 믿음을 주셨습니다. 다시 말하면 하나님께서 도와주시지 않다면 어느 누구도 불가능하다는 말입니다.

(2) 이삭 역시 아브라함의 믿음을 본받아 그 믿음으로 자신을 하나님께 제물로 드렸습니다. 이삭에게 주신 믿음은 어떤 믿음입니까? 그것은 자신을 드려서 아버지의 믿음이 하나님께 드려지기를 소원하는 믿음이었습니다. 실로 대단한 이삭의 믿음입니다.

(3) 이러한 믿음의 결과는 여러분의 상상을 초월합니다. 그들 믿음을 하나님께서 기쁘게 받으셨고 제물은 하나님이 따로 준비하셨다는 사실입니다. 13절 말씀처럼 하나님께서는 아브라함의 믿음을 보시고 수풀에 걸린 수양을 제물로 삼게 하셨습니다. 하나님이 친히

준비해 놓은 제물이었습니다.

　3) 이러한 믿음을 보신 하나님은 아브라함과 이삭에게 전무후무한 복을 내리셨습니다.
　(1) 먼저 자식을 살려주시는 복을 허락하셨습니다. 이삭은 이미 죽었던 목숨을 다시 얻었고 아브라함에게는 죽었다가 다시 살아난 자식을 얻은 거나 다름없었습니다.
　(2) 이삭은 하나님의 자식이고 하나님이 직접 책임지고 키우시는 자식임을 다시 한 번 아브라함에게 일깨워 주셨습니다.
　(3) 또한 아브라함의 씨, 이삭을 통하여 하나님의 약속대로 민족을 번성케 하는 복의 통로가 되게 하셨습니다.

F4 – 현 청중의 문제와 해결(간접적용)

　사랑하는 성도 여러분!
　저는 오늘 한국의 믿음 있는 장로님 한 분을 소개하려 합니다. 아시는 분도 있겠지만 대의그룹 회장 채의숭 장로님입니다. 그는 충남 서산에서 8.15 해방 전에 태어나신 장로님이십니다.
　그는 소년시절에 3가지 비전을 가슴에 담았습니다. 박사학위를 취득하여 대학교수가 되는 것이 그의 첫 번째 꿈이었습니다. 두 번째 꿈은 대그룹 회사의 사장되는 것이었고, 세 번째 꿈은 교회를 100개 건축하는 것이 그 분의 꿈이었습니다.
　고2 때부터 그는 이 세 가지를 놓고 기도했습니다. 믿음으로 기도하면서 열심을 다한 결과 하나님께서는 두 가지를 그의 꿈대로 이루어 주셨습니다. 먼저 대의그룹 사장이 되었고 그 다음 건국대학교에서 경제학 박사 학위를 받고 겸임교수가 되었습니다. 이것만으로도 남부럽지 않은 유명인사가 된 셈입니다.

그런데 세 번째 약속이 늘 부담이 되었습니다. 그래서 교수와 사장의 직책으로서는 교회 50개도 건축하기가 힘겹다는 생각에 100개 목표 달성을 위해 두 직책을 모두 포기하고 새로운 프로젝트를 내걸고 교회건축 사업에만 몰두하게 됩니다. 어려운 모험을 믿음으로 시작하게 된 것입니다.

그런데 이게 웬일입니까? 주님의 일에 목숨 걸고 믿음으로 시작한 사업이라면 더 잘되어야 하지 않겠습니까? 정말로 예상치 못한 혹독한 시련이 그의 눈앞에 닥쳐왔습니다.

추석 명절을 앞두고 때 아닌 장마로 인해 부천의 공장이 물에 완전히 침수되어 기계, 자재 할 것 없이 모두 떠내려가 건질 것이 없었습니다. 이것이 1차 시련이었습니다.

두 번째 시련은 화재였습니다. 가까스로 어려움을 딛고 일어나 100개의 교회건축을 목표로 천안에 다시 공장을 세웠는데 공장을 완공한 후 얼마 안 되어 불이 나고 말았습니다. 그날따라 전국에 태풍이 몰아쳐 소방차도 별 소용이 없었습니다. 회사는 완전히 부도나고 함께 입주한 회사에 줘야 할 손해배상만 해도 엄청난 액수였습니다.

그런데 장로님이 얼마나 신용이 있고 하나님의 사람으로서 믿음의 사람으로 소문났던지 채권단 32명이 모두가 하나 같이 재기할 때까지 받을 권리를 유보하겠다며 용기를 북돋아 주었습니다. 재기할 기회를 얻은 것입니다. 마침내 다시 일어서게 되어 하나님께 기도하기를 다시 기회를 주시면 약속대로 교회 100개를 짓겠다고 결심했습니다.

그러나 가까스로 회사를 일으켜 운영하는데 어려움은 여전히 남아 있었습니다. 그러던 중 1999년 추수감사절이 다가왔습니다. 감사는 해야겠는데 헌금할 돈이 없었습니다. 그래도 믿음으로 기도는 늘 하고 있는데 하루는 기도 중에 '돈이 있으니 장롱을 뒤져보라'는 음성이 들려 찾아봤더니 아내도 모르는 500만 원짜리 청약적금 통장이 재산으로 남아 있었습니다.

이것을 아내와 상의하여 통장을 해약하고 감사예물로 하나님께 고스란히 드렸습니다. 비장의 마지막 카드였습니다. 그리고는 헌금한 생각도 모두 잊어버렸습니다.

그런데 이게 웬일입니까? 그 후로 일들이 풀리기 시작합니다. 자금이 회수되기 시작하고 어음도 무리 없이 결재되어 부도액수가 줄어들기 시작하더니 100억대 부도는 부도도 아니었습니다. 외국 자동차 회사들로부터 주문이 폭주하기 시작하여 생산라인도 늘리고 직원도 더 채용하여 24시간 생산을 풀가동해야만 했습니다. 상상할 수 없는 수출은 그가 드린 추수감사 헌금의 몇 천배로 주님이 축복해 주셨습니다.

하나님의 은혜 말고는 달리 설명할 수가 없었습니다. 그후 여러 나라와 기술제휴로 사업은 더욱 번창하여 지금까지 30여 개 국에 105개 교회를 세우며 주님이 언제까지 쓰실지 모르겠지만 최선을 다해 하나님을 섬길 것이라고 고백합니다.

F5 - 결단과 축복

아브라함이 믿음으로 이삭을 하나님께 드린 것처럼, 채 장로가 약속한 교회를 105개나 봉헌한 것처럼 우리도 믿음으로 반드시 하나님께 드려야 할 것이 있습니다. 우리가 드려야 할 것 중 가장 먼저 해야 할 것은 예배입니다.

하나님은 예배하는 자를 지금도 찾고 계십니다. 하나님은 아브라함의 믿음을 보시고 이제야 하나님을 경외하는 줄 아셨다고 12절 하반절에 말씀합니다. 하나님을 경외하는 것이 예배입니다. 예배는 하나님과 나와 관계를 회복하는 것입니다. 저와 여러분은 하나님과 관계 회복을 위해 목숨이라도 드려야 합니다. 채 장로가 교회를 지어 하나님께 봉헌한 것은 그의 가슴에 하나님을 사랑함으로 예배하는 마음이 없었다면 불가능했을 것입니다.

1) 그러므로 예배는 이렇게 드리십시오.

(1) 예배를 삶의 우선순위에 두십시오. 불신자는 월요일부터 시작하여 일요일로 마쳐집니다. 그래서 일요일을 자기들의 날로 정합니다. 그리고 그날에 육적 향락을 추구합니다. 그러나 믿는 자는 순서가 다릅니다. 주일이 한 주간의 시작이기에 주일을 귀하게 여깁니다. 그리고 월요일부터 토요일까지 주님의 영광을 위해 열심히 땀 흘려 일합니다.

(2) 예배에 최선을 다하십시오. 왜냐하면 예배의 성공은 인생의 성공이고, 예배의 실패는 인생의 실패이기 때문입니다.

(3) 예배시간에 졸거나 딴 곳에 마음을 빼앗긴다면 그날 예배는 하나님께서 받으실 수 없습니다. 나의 영육이 죽은 거나 다름없습

니다. 휴대폰을 끄십시오. 예배시간에는 눈인사도 하지 마십시오. 성경 읽는 것도 삼가십시오.

(4) 예배시간을 지키고 지각하지 마십시오. 10분 전에 출석하여 자리에 앉아 받을 은혜를 사모하며 기도하거나 찬송을 함께 부릅시다.

(5) 어떠한 경우에도 주일예배는 오전예배와 오후예배를 다 드리겠다는 마음가짐으로 주일을 지켜야 합니다. 이것이 온전한 예배입니다.

2) 믿음을 지켜 예배하는 자에게는 이러한 복을 주십니다.

(1) 명예를 높여주십니다. 예배는 하나님을 높여 경배하는 행위임으로 하나님께서 예배자를 높여주십니다.

(2) 내가 먼저 믿음을 보이고 모범적으로 예배를 드려야 자녀들도 따라오고 자녀들이 성공합니다. 이처럼 예배 잘 드리는 가정들은 문제없는 가정들입니다. 속 썩이는 자녀들이 없습니다. 하는 일마다 다잘 됩니다.

(3) 예배가 살아나는 교회는 틀림없이 부흥되는 복을 받습니다. 부흥되지 않는 교회들의 공통점은 한결같이 예배가 힘이 없습니다. 형식만 있을 뿐 성령의 역사가 일어나지 않습니다.

우리 모두 아브라함이 이삭의 손을 잡고 모리아 산으로 올라간 것처럼 예배하러 올라갑시다! 거룩한 주의 보좌 앞으로 날마다 담대히 나아가서 예배하는 여러분 되시기를 축원합니다.

The Core of the

Preac

보여주는
설교

제5장

하나를 분명하게

하나를
집중해서 전할 때
설교가
분명하게 들립니다.

하나님이
또 아브라함에게
이르시되
그런즉
너는 내 언약을 지키고
네 후손도 대대로 지키라
(창세기 17:9)

1. 모든 설교자에게는 똑같은 욕심이 있습니다.

청중에게 하나라도 더 주려는 안타까운 마음입니다. 그러다 보니 설교 한 편에 너무 많은 것을 담아서 내어 놓습니다. 기도도 시켜야겠고, 헌금도 하게 해야겠고, 봉사도, 사랑도, 믿음도, 순종도…. 이것도 저것도 넘치도록 담아서 한꺼번에 쏟아냅니다. 이렇게 넘치도록 신·구약을 왔다 갔다 하면서 마음속에 있는 것을 잔뜩 쏟아내면서도 설교자는 늘 아쉬움을 지닌 채 강단에서 내려옵니다.

배경설명이 좀 부실했던 것 같기도 하고 원어를 좀 더 파고들었어야 했는데…. 이 내용도 빠뜨린 것 같고 저 예화도 잊어버린 것 같고…. 설교자의 마음은 늘 이래저래 자신의 설교에 대해 석연치 않은 마음들로 한 구석이 횡합니다.

그렇다면 청중도 목사님의 설교에 대하여 이런저런 부실함을 느끼고 있을까요? 결론부터 말하자면 전혀 그렇지 않습니다. 오히려 한 편의 설교에 너무 많은 것을 주려고 하기 때문에 설교가 들리지 않음을 호소하는 청중이 많다는 것을 잊지 말아야 합니다.

따라서 설교자는 냉정하게 청중의 입장에서 자신의 설교를 분석해 보고 얼마나 설교가 들려지는지를 알아야 합니다. 대지를 나누면서 설교하는 설교자라면 1대지, 2대지, 3대지 정도로 설교하는 것이 일반적일 텐데, 그러면 청중은 한 편의 설교를 들을 때 사실상 세 개의 관점을 받는 셈이 됩니다. 또한 한 편의 설교에서 설교자들이 강조하는 신앙적인 관점도 한두 개가 아닙니다.

신앙적인 관점이란, 설교자들이 설교에서 강조하려는 신앙적인 단어들을 의미합니다. 예를 들어 믿음, 순종, 사랑, 봉사, 기도, 충성 … 이런 신앙적인 단어들이 설교 한 편에 수도 없이 많이 선포되고 있다는 것을 어렵지 않게 공감할 수 있습니다.

이런 설교들을 듣다 보면 청중의 입장에서는 이번 주 설교와 지난 주 설교가 신앙적인 관점의 순서만 다를 뿐 매 설교에서 전달되는 관점들이 똑같다고 느낍니다. 이렇듯 다양한 또는 복수의 관점들이 설교를 복잡하고 들리지 않게 만드는 요소들입니다.

설교는 들려야 합니다.

설교가 들리지 않기 때문에 졸게 되고 들리지 않기 때문에 청중은 설교의 결과를 삶으로 옮길 수 없습니다. 설교자 자신도 이런 다양한 관점을 매번 전달해야 하기 때문에 설교 준비에 대한 부담감과 전달에 대한 아쉬움을 버리지 못합니다.

방법은 하나밖에 없습니다.

하나를 처음부터 끝까지 집중적으로 선포하면 됩니다. 만일 설교자가 하나의 관점을 분명하게 전달하려는 의지를 갖추고 노력한다면 설교자와 청중 모두 상상할 수 없는 변화의 결과를 분명하게 볼 수 있습니다.

하나를 집중해서 전할 때 설교가 분명하게 들립니다. 이 제언은 하나의 포인트를 전하거나 한 가지 주제만을 선정해서 전하라는 의미가 절대 아닙니다. 이런 것은 성경 본문의 의도와 관계없이 설교자의 관점만으로 전하기 쉽기 때문에 본문의 의도를 벗어날 가능성이 있습니다. 하나를 집중해서 전하라는 말은 성경 전체의 목적과 오늘 주어진 본문의 목적을 일관성 있게 전해야 한다는 말입니다.

2. 어떻게 본문을 목적 중심으로 하나를 전달할 것인가?

1) 이 문제를 해결하기 위해서는 성경을 읽는 관점이 필요합니다.

성경은 하나님의 목적으로 기록되었습니다. 오늘 우리는 누구나 쉽게 성경을 읽고 이해하고 성경만을 통하여서도 얼마든지 구원도 은혜도 체험하고 있지 않습니까! 이는 하나님께서 성경을 기록하실 때 하나님의 목적이 무엇인지를 독자들이 알 수 있도록 배려하셨기 때문입니다.

2) 설교자는 본문 안에 담겨진 바로 그 하나님의 목적을 읽어야 합니다.

이 하나님의 목적을 전하는 것이 설교의 목적입니다. 이 목적이 설교하려는 관점입니다. 이 목적이 청중이 설교를 들어야 할 이유입니다. 그러므로 설교자는 본문 안에서 하나님의 목적을 찾아 설교의 관점으로 삼고 이 관점을 중심으로 설교를 진행해야 합니다.

관점이라는 단어가 생소하게 느껴지는 설교자도 있을 것입니다. 관점은 다른 말로 하면 본문의 핵심(core, the key point)입니다. 이 관점은 설교자의 것이 아닙니다. 이 관점은 하나님의 것이요, 하나님의 목적입니다. 다만 이것이 설교의 핵심이기에 설교자 편에서 보면 그 하나님의 목적이 설교의 관점이 되는 것입니다.

설교자가 이 관점을 찾아내서 이 관점을 중심으로 처음부터 마지막까지 설교를 진행하게 될 때, 하나를 분명하게 선포하는 들리는 설교가 비로소 가능하게 됩니다.

3. 본문의 관점(핵심)은 하나만 있는 것인가?

한 본문을 가지고 설교자마다 각기 다른 설교를 하는 것을 쉽게 볼 수 있습니다. 예를 들면, 같은 본문을 가지고도 어떤 설교자는 원어적인 관점, 어떤 설교자는 역사적인 관점, 어떤 설교자는 신학적인 관점, 또 어떤 설교자는 목회적인 관점 등 다양한 관점으로 설교하고 있습니다.

1) 한 본문 안에는 하나님의 목적이 핵심적으로 존재합니다.

잔잔한 호수에 돌을 던지면 맨 처음 돌이 던져진 부분을 중심으로 파장이 일어납니다. 핵심적인 부분이 있기에 나머지 파장이 존재한다는 말입니다. 본문 안에 핵심적인 관점(목적)은 언제나 하나입니다.

다양한 관점들이 있을 것이라는 논리는 바로 본문 안에 핵심이 있기에 거기서 퍼져나가는 파생적 관점들도 존재한다는 것을 알아야 합니다.

그렇다면 설교자가 이 하나의 핵심적인 관점(목적)을 찾아내야 하는 것이 당연하지 않겠습니까? 성경 본문을 통하여 핵심적인 관점을 찾아봅시다. 이 핵심적인 관점을 찾으려면 많은 훈련이 필요합니다.

지금까지 많은 설교자들이 본문을 큰 그림으로 이해하고 핵심적으로 접근하는 노력들을 진지하게 하지 않았을 것입니다. 핵심적인 관점으로 설교하려면 스스로 고민하고 연구하고 깨닫는 연구자로서의 시간이 절실히 요구됩니다.

2) 지금 본문을 펴고 살펴보십시오!

무엇이 핵심적인 관점(목적)인지 눈에 쉽게 들어오지 않을 것입니다. 왜 이런 현상이 생기는 것일까요?

우리가 본문에 대한 선지식을 가지고 있기 때문입니다. 이 선지식을 버려야 합니다. 선지식이란, 설교자들이 가지고 있는 본문에 대한 고정된 생각을 말합니다. 본문에 대한 내용이 거의 파악되었다고 생각하는 설교자들은 본문에 대한 모든 것을 이미 알고 있다고 생각하기 때문에 그렇게 굳어진 본문에 대한 생각을 중심으로 본문을 읽고 내용을 따라가게 됩니다. 이런 선지식이 바로 새로운 관점을 갖지 못하게 가로막는 걸림돌입니다.

3) 목사의 입장에서 수직적으로 본문을 대하는 것을 버려야 합니다.

설교자는 청중에게 가르치고 교훈하려는 수직적인 이미 생각이 굳어 있는 경우가 많습니다. 설교자가 이런 생각들에 묶여 있는 한 본문을 통하여 선포되길 원하시는 하나님의 목적을 놓치기가 쉽습니다.

생각해 보십시오! 목사의 입장에서 읽을 때 얼마나 많은 성경의 본문들이 어렵거나 이해되지 않는 문제로 떠오르겠습니까! 오병이어의 기적도, 죽은 자가 일어나는 것도, 아무런 문제가 될 수 없습니다. 그러나 과연 청중에게도 그럴까요?

본문을 대할 때 신학적인 사고부터 앞세우는 것도 조심해야 합니다. 설교자에게 바르고 건전한 신학적 사고는 필수적입니다. 그러나 신학적인 사고로 본문을 보는 습관이 굳어져 버렸다면 본문의 핵심적인 관점(목적)은 그 설교자에게 잘 보이지 않게 됩니다.

4) 무엇이 본문의 핵심적인 관점(목적)일까요?

창세기 17:9-14절을 보십시오.

이 본문으로 설교한 경험이 있는 설교자들이 많이 있을 것입니다. 이미 설교한 경험이 있다면 어떤 관점으로 설교했는지 기억을 더듬어 보십시오.

필자는 설교자들을 대상으로 500회가 넘는 세미나를 진행한 경험이 있습니다. 그때마다 본문의 핵심관점(하나님의 목적)을 질문하곤 했는데 상당히 많은 설교자들이 '언약', '후손', '지키라' 등의 관점을 말했습니다. 그러나 본문을 자세히 여러 번 읽다보면 핵심적인 관점(목적)은 '언약'이 아니라 '할례'라는 것을 발견하게 될 것입니다.

하나님께서 본문을 통하여 아브라함에게 주시는 핵심적인 관점(목적)이 할례를 행함으로 언약의 관계를 맺으시려는 것임을 알게 됩니다. 아브라함의 입장에서도 할례를 행해야 언약이 성립된다는 것을 알고 있기에 당장 할례를 받는 것이 가장 중요하고 시급한 문제의 관점으로 인식된 것입니다.

하나님은 할례를 행하라 하셨기에 아브라함의 입장에서는 할례는 목숨을 걸어야 하는 중대한 문제입니다. 그래서 할례는 하나님의 목적이고 아브라함의 문제입니다. 그리고 이 본문을 통하여 하나님께서는 오늘날 우리가 행해야 할 할례 또한 원하고 계시기에 할례는 청중적인 관점(문제)도 됩니다.

위에서 우리는 할례라는 관점을 중심으로 작성된 설교문을 보았습니다.

F2 - 아브라함에게 할례가 왜 문제가 되는지를 말했고,

F3 - 아브라함이 할례라는 문제를 어떻게 해결했는지 그리고 하나님은 아브라함을 어떻게 도우셨는가를 말했습니다.

F4 - 오늘 할례를 요구하시는 하나님의 음성이 현 청중에게 어떤 이슈로 떠오르고 또 그것이 어떻게 해결될 수 있는가를 말했습니다.

F5 - 현 청중에게 '할례'가 무엇인지를 관점을 중심으로 구체적으로 결단했습니다.

'할례'라는 하나님의 목적을 설교를 진행하는 핵심관점으로 처음부터 마지막까지 선포하면 청중은 할례라는 하나의 관점을 통하여 아브라함의 문제가 무엇이고 그것이 어떻게 해결되었는지 알게 됩니다. 동시에 자신의 문제가 무엇인지도 알고 자신의 문제도 반드시 해결된다는 확신을 가지게 됩니다. 그 결과 오늘 자신이 행할 할례를 받아들이고 행동하는 신앙인으로 변화되게 됩니다.

설교자도 하나의 관점을 핵심적으로 선포하기 때문에 설교에 대한 자신감과 집중력을 얻게 됩니다. 어떤 본문을 선택하든지 이 핵심적인 관점(목적)은 본문 안에 다 존재합니다. 그러므로 설교자는 본문을 통하여 하나님의 목적(관점)을 읽어내는 훈련을 계속해야 합니다.

(1) 출애굽기 2:1-10절을 보십시오!

설교자들이 많이 설교하는 본문입니다. 함께 읽어보면서 본문의 핵심적인 관점(목적)을 찾아봅시다. 본문을 몇 번이고 읽고 묵상했다면 어떤 관점을 찾았습니까? "숨기다"라는 관점(목적)을 찾았다면 본문의 핵심적인 관점(목적)을 찾은 것입니다.

왜 "숨기다"가 핵심 관점일까요?

아기의 엄마 요게벳의 입장에서 아기를 숨기는 것은 아기뿐 아니라 온 가족의 목숨이 달린 위험한 일이기 때문에 큰 문제입니다. 바로의 지엄한 명령을 어기면서 아기를 숨기면 절대 안 되는 것입니다. 그러니 숨기는 것이 아기 엄마의 가장 중요한 문제(관점)가 됩니다.

결과적인 것을 봅시다. 결국은 아기 엄마가 아기를 숨기는 것을 통하여 아기가 가장 안전한 곳, 애굽 왕궁에 숨겨지고 나중에 이스라엘을 구원하는 하나님의 일꾼이 됩니다. 숨기는 것이 하나님이 원하시는 하나님의 목적입니다. 여기서 이제 우리는 한걸음 더 나아가야 합니다.

이 본문이 우리에게 주어진 것은 단순히 과거의 어떤 사건에 대한 정보를 전달하려는 목적이 아닙니다. 하나님은 이 시대를 살아가는 우리들에게도 숨겨야 하는 것을 숨기라고 말씀하십니다. 그렇다면 "숨기다"는 오늘 우리의 문제, 현 청중의 문제요, 설교의 핵심 관점으로 떠오르게 됩니다.

관점을 중심으로 프레임을 통하여 설교를 진행하려면,
F2 - 숨기는 것이 어떻게 왜 문제가 되는지를 말하면 됩니다.
F3 - 숨기는 문제가 아기 엄마의 헌신과 하나님의 개입을 통하여 어떻게 해결되는지를 말하면 됩니다.
F4 - 숨기는 것이 어떻게 현 청중의 문제가 되고 이 문제가 어떻게 해결될 수 있는가를 말해야 합니다.
F5 - 오늘 나에게 숨겨야 하는 것이 무엇인가를 말하고 어떻게 숨길 것인가를 결단하게 하면 됩니다.

(2) 출애굽기 17:1-7절을 보십시오!

신 광야를 떠나 3일쯤을 걸어서 르비딤에 도착한 백성들이 갑자기 거세게 항의하며 모세를 위협하는 상황이 생겼습니다. 도대체 어쩌다가 이런 일이 일어났습니까?

물을 얻지 못했기 때문입니다. 모세 또한 얼마나 당황했겠습니까? 지금 당장 물을 요구하는 백성들에게 모세가 할 수 있는 일은 아무것도 없었기 때문입니다. 시간이 지날수록 더 거세게 항의하는 백성들을 뒤로하고 모세는 하나님께 방법을 구하려 엎드리게 됩니다. 하지만 모세는 하나님이 주시는 방법으로 인하여 또 한 번 망연자실 할 수밖에 없었습니다. 물을 구하는 모세에게 하나님이 주신 처방은 산으로 올라가서 반석(돌)을 지팡이로 치라고 하셨기 때문입니다. 반석, 돌을 치면 물이 나온다? 누가 이 말을 믿겠습니까?

그러므로 이 본문의 핵심적인 관점(목적)은 "반석을 치라"입니다. 반석을 치게 하는 것이 하나님의 목적이고 처방입니다. 모세에게 반석을 치는 것은 말도 안 되는 문제가 되지만 하나님은 반석을 치는 것을 통하여 모세의 문제를 해결하십니다. 하나님이 해결하시는 핵심관점인 것입니다. 오늘 우리에게도 반석을 치는 것이 문제로 다가 오지만 바로 그 문제의 핵심, 반석을 치게 될 때 우리의 문제를 하나님이 해결하십니다.

F2 - 반석을 치는 것이 왜 문제가 되는지를 말하십시오.
F3 - 반석 치는 것을 통하여 어떻게 문제가 해결되었는가를 말하십시오.
F4 - 반석을 치는 것이 왜 우리의 문제가 되고 문제가 해결되기 위해서 어떻게 반석을 쳐야 할 것인가를 말하십시오.

F5 - 오늘 우리가 쳐야 할 반석이 무엇인지를 말하고 행동하게 하면 됩니다.

4. 하나님의 목적, 즉 핵심적인 관점을 쉽게 찾는 방법은 없을까?

신앙적인 관점으로 본문을 대하면 하나님의 목적(관점)은 보이지 않습니다. 신앙적인 관점으로는 본문의 상황들이 해결중심으로 보이기 때문입니다.

5. 무엇이 신앙적인 관점일까?

한마디로 믿음의 눈으로 보는 것입니다. 믿음의 눈으로 보면 불치병이 낫는 것도, 물 위를 걷는 것도, 죽은 자가 일어나는 것도 아무런 문제가 될 수 없습니다.

성경에 등장하는 아브라함이나 다윗이나 그 어떤 사람도 믿음의 눈으로 보면 문제될 것이 없습니다. 그들이 어려움을 이겨내는 것은 당연합니다. 이렇게 신앙적인 관점만으로 설교를 작성하게 되면 청중에게도 당연히 그들도 그랬으니 너희도 그렇게 하라는 일방적인 선포를 할 수밖에 없습니다. 이런 설교는 문제해결을 갈망하는 현 청중의 심정을 알지 못하고 일방적인 강요만 하는 설교에 그치기 쉽습니다.

일반적인(청중) 관점을 가져야 핵심관점(목적)이 보입니다. 본문의 핵심적인 관점을 찾아서 해결중심의 설교자가 되기를 원한다면 일반적인 관점을 가져야 합니다. 일반적인 관점이란 청중의 관점을 말합니다. 일반적인 관점이 중요한 것은 설교자에게도 청중에게도 문제의식을 갖게 하기 때문입니다. 이 일반적인 관점(F2)을 믿음의 관점(F3, 신앙적인 관점)으로 바꾸어 주면 하나님의 목적, 해결의 관점이 됩니다.

(1) 사도행전 3:1-10절을 보십시오!

일반적인 관점을 가져야 핵심적인 관점을 찾을 수 있습니다.

40여 년 동안 한 번도 일어나 본 적도 걸어본 적도 없는 사람, 언제나 누군가의 도움을 받아 성전 미문 앞에 앉아서 구걸하던 이 사람이 어떻게 일어나 걸을 수 있겠습니까? 일어나 걸을 수 없습니다!

일어나 걸을 수 없는 이 사람에게 걸으라며 손을 내밀어 붙잡고 일으키는 것은 이 사람을 멸시하는 것이고 조롱하는 일입니다. 누가 보아도 절대로 앉은뱅이가 일어날 수는 없기 때문입니다.

이것이 청중의 관점이고 일반적인 관점입니다. 그리고 본문의 핵심관점입니다. 청중은 이 일반적인 관점 안에서 성경을 봅니다. 일반적인 관점을 가진 청중들은 무조건 신앙적 관점을 요구하는 설교자의 음성을 불편하게 여깁니다.

설교자는 이런 일반적인 관점으로 문제의식을 주고 신앙적인 관점으로 그 문제가 해결되는 것을 보여주어야 합니다. 일반적인 관점은 청중의 관점이고 이 관점이 설교를 들리게 한다는 점을 명심합시다.

F2 - 이 앉은뱅이는 일어날 수 없습니다. 절대로 일어날 수 없습니다.

이것이 핵심관점이고 일반적인 관점입니다. F2에서는 언제나 핵심적인 관점으로 청중에게 문제의식을 주어야 합니다. 이것이 청중으로 하여금 설교를 들어야 할 이유를 분명히 알게 합니다.

F3 - 앉은뱅이는 일어날 수 없다는 일반적인 관점을 신앙적인 관점으로 바꾸어서 문제가 해결되는 것을 보여주어야 합니다.

일반적인 관점이 신앙적인 관점으로 바뀌려면 반드시 신앙적인 관점으로 바꿀 수 있는 에너지가 있어야 합니다. 이것이 신앙적인 결단 용어(PW)입니다. 절대로 일어날 수 없는 이 사람이 일어날 수 있었던 것은 베드로와 요한이 예수 그리스도의 이름으로 앉은뱅이를 일으켜 세운다는 믿음을 가지고 그의 손을 잡아 일으켰기 때문입니다.

일반적인 관점으로는 불가능하지만 믿음이라는 신앙적인 관점을 가지면 일어날 수 있음을 설교자는 보여 주어야 합니다. 예수님도 이 믿음을 통하여 도저히 일어날 수 없는 이 사람을 일으켜 세우셨음을 보여주어야 합니다.

F4 - 현 청중도 자신의 삶 속에서 일어날 수 없는 상황들을 가지고 있습니다.

청중이 안고 있는 이 문제의 상황이 바로 일반적인 관점에서 보게 되는 상황입니다. 그래서 청중도 '일어날 수 없는' 관점을 그들의 문제로 가지고 살아갑니다.

설교자는 이 청중에게 해결의 방향을 주어야 합니다. 방법은 한 가지뿐입니다. 신앙적인 관점으로 바꾸어 주면 됩니다. 분명한 신앙적인 관점을 갖도록 하면 반드시 자신도 일어날 수 있음을 알고 청중은 행동하려고 합니다.

> F5 - 오늘 일어나야 할 사람이 누구이고, 내가 일으켜야 할 사람은 어디 있는가를 알게 하고 신앙적인 관점으로 행동하도록 결단하게 합니다.

하나님의 목적을 설교의 핵심관점으로 제시하는 설교자가 위대한 설교자이고 이 시대를 살리는 설교자입니다.

(3) 요한복음 2:1-11절을 보십시오.

이제 본문의 핵심적인 관점이 일반적인 관점으로 보일 것입니다.

본문을 자세히 보면 혼인잔치에 가장 중요한 포도주가 모자라는 돌발적인 상황이 발생했습니다. 상식적으로 보아도 이 문제는 아무도 해결할 수 없는 문제입니다. 다른 집에서 준비된 것을 가져온다면 모를까 현재 혼인집의 상황으로는 포도주를 당장 만들어낼 수는 없습니다.

적어도 일 년 이상은 포도를 담가 두어야 포도주가 된다는 것은 누구나 공감하는 사실입니다. 그런데 예수님께서 이런 상황을 해결하시려고 뜻밖의 일을 종들에게 시키십니다. 그 집에 사람들의 발을 씻기려고 물을 담아두던 항아리가 비어 있음을 아시고 그 항아리에 물을 채우라 하시더니 그 물을 떠다가 포도주를 애타게 찾고 있던 연회장의 포도주 잔에 따르라고 하셨습니다.

누가 보아도 포도주와 물은 색깔부터 다릅니다. 포도주와 물은 향도 다릅니다. 더구나 맛을 보면 금방 들통날 것이 확실한데 왜 포도주 잔에 물을 채우라 하실까요?

아무리 예수님의 말씀이라도 그렇게 하면 안 됩니다. 포도주 잔에 물을 채우면 안 됩니다. 이것이 일반적인 관점입니다. 이 일반적인 관점이 신앙적인 관점으로 바뀌어서 움직일 때 해결이 됩니다. 예수님의 말씀을 믿고 믿음으로 포도주 잔에 물을 채울 때 물이 변하여 포도주가 되는 기적을 예수님이 행하십니다.

F2 - 포도주 잔에 물을 채울 수 없습니다. 채울 수 없는 이유는 너무도 많습니다.

F3 - 신앙적인 관점으로 바꾸어서 물을 채우면 해결이 됩니다. 종들이 포도주 잔에 물을 따를 때 가졌던 신앙적인 관점, 종들의 신앙적인 관점을 보시고 해결을 보여주신 예수님을 설교자가 청중에게 신앙적인 관점으로 말해야 합니다.

F4 - 자신의 텅 빈 잔을 바라보는 청중의 일반적인 관점이 가진 문제들이 무엇인가를 말하고 청중의 관점을 바꾸어 주어야 합니다. 청중은 신앙적인 관점을 가져야 해결을 위해서 움직이게 됩니다.

F5 - 오늘 내가 채워야 할 빈 잔이 무엇인가를 알게 해주고 채우기 위해 움직이도록 결단하게 해야 합니다.

설교자들이여!
본문의 핵심 관점을 찾아야 합니다. 이 핵심적인 관점을 찾아서 어떻게 본문의 문제가 해결되는지를 보여 주어야 합니다. 자신의 설교를 통해 청중이 움직이고 변화되는 것을 기대한다면 반드시 핵심적인 관점으로 신앙적인 삶을 살아가도록 적용하고 결단하게 이끌어야 합니다.

The Core of the

Preac

보여주는
설교

제6장

하나님을 드러내라

하나님의 목적을 선포할 때
청중은 설교자가 선포하는
하나님의 목적을
자신의 문제를 해결하시는
하나님의 음성으로 듣게 됩니다.

그 아기가 자라매
바로의 딸에게로 데려가니
그가 그의 아들이 되니라
그가 그의 이름을
모세라 하여 이르되
이는 내가 그를 물에서
건져내었음이라 하였더라
(출애굽기 2:10)

1. 설교자가 선포해야 할 가장 중요한 것은 무엇일까요?

성경의 저자이신 하나님이 성경을 통하여 드러내기 원하시는 하나님의 의도, 목적입니다. 성경 전체는 이런 하나님의 목적을 담고 있습니다.

설교자가 설교를 통하여 하나님의 목적을 드러내고 청중이 그 목적대로 살게 하는 것이 설교의 목적입니다. 하나님의 목적을 드러내지 못하는 설교는 그런 의미에서 설교가 아니라고 해도 과언이 아닙니다.

2. 무엇이 하나님의 목적일까요?

설교를 진행하려면 가장 먼저 본문을 선택하고, 본문의 핵심적인 관점을 찾아야 한다고 앞에서 강조했습니다. 이 핵심적인 관점이 F2에서는 문제로 제기됩니다.

F2에서 본문의 핵심적인 관점을 문제로 제시하는 것은 청중에게 문제의식을 주어서 설교를 듣게 하려는 것입니다. 설교자가 청중과 눈높이를 맞추는 것입니다.

F3에서는 F2의 일반적인 관점을 신앙적인 관점으로 바꾸어 해결을 주어야 합니다. 이때 문제를 해결하시는 하나님을 말해야 합니다. 하나님은 본문의 문제를 해결하시는 유일한 분이십니다.

1) 하나님의 목적을 드러낸다는 것은 본문의 문제를 해결하시는 하나님의 이유, 본문을 통하여 말씀하시려는 하나님의 의도

를 설교자가 드러내는 것을 의미합니다.

설교자는 하나님의 목적을 선포해야 합니다. 하나님의 목적을 선포할 때에 청중은 설교자가 선포하는 하나님의 목적을 자신의 문제를 해결하시는 하나님의 음성으로 듣게 됩니다.

(1) 마가복음 5:21-43을 보십시오!

회당장 야이로의 어린 딸이 병들어 죽게 되자 야이로는 예수님을 찾아가서 딸을 고쳐주시기를 구합니다. 예수님께서 야이로의 다급함을 들으시고 야이로의 집을 향하여 가실 때 갑자기 당황스런 일이 벌어졌습니다.

12년 동안 혈루증으로 고생하며 모든 재산을 탕진하고 희망을 잃었던 여인이 예수님이 지나시는 길목에서 기다리고 있다가 예수님의 옷에 손을 대고 치유되는 기적이 일어난 것입니다.

얼마나 놀라운 일인가요?

예수님도 이 여인의 치유를 공개적으로 알게 하시며 이 여인을 칭찬하셨습니다. 그러나 문제는 다음입니다. 이 일을 통하여 많은 사람들이 놀라 기뻐하며 시간가는 줄 모르고 있는 동안, 오직 한 사람 야이로만은 갑자기 나타나서 예수님의 발목을 붙잡고 시간을 지체하게 하는 이 여인이 한없이 원망스러웠을 것입니다.

아니나 다를까! 시간이 지체되는 동안 야이로의 집에 있던 종들이 근심어린 얼굴로 야이로를 향하여 달려와 "당신의 딸이 죽었으니 더 이상 선생을 괴롭게 하지 말라"고 울음을 터뜨렸습니다. 순간 예수님을 향한 기대만으로 버티던 야이로는 망연자실하고 그 자리에 주저앉고 맙니다. 이런 야이로를 묵묵히 곁에서 지켜보시던 예수님은 주저앉은 야이로를 향하여 "두려워 말고 믿기만 하라"고 하십니다.

그러나 어찌 두려워하지 않을 수 있습니까? 두려워하는 것이 당연한 것이고 두려워하지 않는 것이 이상한 일입니다. 자식이 죽었는데 어떤 아비가 두려워하지 않겠습니까? 야이로는 두려움뿐 아니라 예수님을 향한 원망과 혈루증을 고침 받은 여인에 대한 미움도 가득했을 것입니다. 이것이 다 두려움입니다. 그런데 예수님은 두려워 하지 말라고 하시니 문제가 아닌가요?

"두려워 말라"는 것이 핵심관점입니다. 예수님께서 두려워 말라고 하신 것은 야이로가 두려워하고 있었기 때문입니다. 야이로가 두려워하는 것이 잘못되었기에 두려워하지 말라고 하셨을까요? 아닙니다! 예수님께서 어찌 자식 잃은 아비의 심정을 모르시겠습니까! 그 심정을 너무도 잘 아시기에 친히 그 아픔을 해결해 주시려고 두려워 말라고 하셨습니다.

예수님은 이 사건을 통하여 우리를 두렵게 하는 것이 무엇인가를 알게 하십니다. 야이로가 두려워 한 것은 종들로부터 "죽었다"는 소리를 들었을 때입니다. 바로 세상의 소리가 우리를 두렵게 하는 것임을 알게 하시고 두려움을 이기기 위해서는 예수님의 소리 "두려워 말라"는 음성을 믿기만 하라는 목적을 주셨습니다.

이것이 두려움을 해결하는 하나님의 음성이요 본문을 통하여 우리에게 주시려는 하나님의 목적입니다.

지금 우리도 세상의 소리 때문에 하루하루 얼마나 많은 두려움에 갇혀 살고 있습니까? 이런 두려움에 살고 있는 현 청중이 본문을 통하여 주시는 하나님의 목적을 알게 될 때 이 하나님의 음성을 붙들고 매일매일 두려움을 이기는 삶을 살게 될 것입니다.

(2) 창세기 28:10-22을 보십시오!

문제의 사람을 한 명 소개하려고 합니다. 이 사람은 아버지와 형으로부터 쫓기는 신세로, 겁도 많고 두려움도 가득한 사람입니다. 지금은 어디에도 유할 곳이 없어서 길거리에서 노숙하는 신세입니다. 이 사람의 이름은 야곱입니다. 야곱이라는 이름의 뜻은 "속이는 자, 사기꾼, 거짓말쟁이"란 뜻입니다.

이런 야곱이 지금 하나님을 만나고 있습니다. 더 정확히 말하자면 하나님이 야곱을 만나려고 찾아오셨습니다.

지금 하나님께서 만나고 있는 야곱은 도망자로 아버지와 형을 속인 나쁜 인간입니다. 이런 야곱을 만나러 오신 하나님이 이해가 되지 않습니다. 혹시 야곱이 형의 축복을 가로챈 것을 아시고 야곱의 축복을 취소시키려고 만나러 오신 것은 아닐까요?(만남이라는 핵심적인 관점으로 문제 제기한 것).

그러나 하나님이 야곱에게 주신 음성을 보면 이런 것과는 거리가 있어 보입니다. 야곱을 야단치기는커녕 오히려 형의 복을 빼앗고 도망치는 야곱에게 더 큰 축복과 더 많은 약속을 부어주고 계시기 때문입니다.

우리는 이런 야곱을 만나시는 하나님의 속마음이 이해가 되지 않습니다. 잘못된 방법으로 아비를 속이고 형의 복을 도적질하고 형의 낯을 피하여 도망하는 야곱을 야단치시고 벌을 내리셔야지 오히려 이런 야곱을 일부러 찾아오셔서 만나주시고 더 큰 약속까지 주시다니! 도저히 이해가 되지 않습니다.

　사람들이 이런 사실을 안다면 아마도 야곱의 잘못된 모습을 이용해 자신의 모습을 합리화하거나 정당화하려고 할 것이고 모두들 야곱과 같은 방식으로 축복을 도적질하려고 할 것이기에 신앙의 혼란이 생겨나게 될 것입니다. 또한 에서가 이 사실을 안다면 하나님에 대한 더 큰 불신을 하게 될 것입니다.

　오늘 이 말씀을 대하는 여러분의 생각은 어떻습니까? 공의의 하나님께서 도망자 야곱을 찾아가신 이런 특별한 만남을 쉽게 받아들일 수 있으십니까?

　우리는 미련하고 어리석은 인간임을 잊지 말아야 합니다.

　하나님께서 하시는 일에는 때때로 우리가 알 수 없는 깊은 뜻이 숨어 있습니다. 하나님은 진실과 거짓에 대하여 분명한 기준을 만드신 분입니다. 그분에겐 거짓과 속임수는 있을 수 없습니다.

　오늘 하나님께서 야곱과 특별한 만남을 하고 계신 것은 당신만이 갖고 계신 특별한 목적이 있기 때문입니다. 하나님께서는 야곱을 누구보다도 잘 알고 계십니다. 장자권을 취한 방법 그리고 형 대신 복을 받은 것, 지금 야곱이 향해서 가고 있는 곳, 이 모두를 하나님은 다 알고 계십니다.

　그렇다면 오늘의 만남은 무엇을 알게 하시려는 것일까요? 야곱은 자신이 받은 복이 정당한 것인가에 대한 의문점이 있었습니다.

　아버지 이삭의 축복기도를 통해 장자권의 복은 받았지만 여전히 야곱이 두려움 속에 확신 없이 고민하고 있음을 하나님은 알고 계셨습니다. 그래서 복의 주인이신 하나님께서 직접 야곱을 만나 주셔서 아버지로부터 받은 축복이 반드시 이루질 것을 확신시켜 주시려고 찾아오신 것입니다. 하나님은 반드시 야곱을 축복의 사람으로 만들어 주신다는 믿음을 주시려고 만나주셨습니다.

이것이 하나님이 본문을 주신 목적이고 오늘 설교자가 들려주어야 할 해결의 음성입니다.

2) 하나님의 목적을 드러낸다는 것은 하나님께서 목적을 이루시기 위해서 어떻게 행동하셨는가를 보여주는 것입니다. 문제를 해결하시는 하나님의 방법과 행동을 구체적으로 보여주어야 합니다.

본문 안에는 문제를 해결해 주시는 하나님의 방법과 행동이 있습니다. 이 하나님의 움직임을 해결(목적) 중심으로 이끌어 내야 합니다. 이것이 하나님을 보여주는 설교입니다.

(1) 야이로의 문제를 해결하시는 예수님의 방법과 행동을 보여주어야 합니다.

예수님은 야이로의 두려움을 이기게 하시려고,

① 예수님이 다시 오셨습니다. 성경은 예수님이 다시 오셨다는 부분을 강조합니다. 이는 야이로의 두려움을 이기게 해 주시려고 야이로가 기다리는 곳으로 일부러 오신 것을 알게 하기 위함입니다.

② 예수님이 12년 동안 앓던 혈루증 여인을 불러내셨고 야이로의 눈앞에서 치유해 주셨습니다. 야이로 입장에서 생각하면 이 여인은 원망과 불평의 대상입니다. 그러나 예수님은 목적을 가지고 이 여인을 치유해 주신 것입니다. 이유는 간단합니다. 이 여인이 치유되는 것을 눈앞에서 보여주심으로 야이로로 하여금 직접 보고 두려움

을 이기고 예수님의 음성을 믿게 하시려는 것입니다. 예수님은 야이로에게 두려움을 이겨낼 수 있는 믿음을 주셨습니다.

③ 예수님은 야이로와 함께 하셨습니다. 야이로 홀로 보내지 않으시고 딸이 죽어있는 장소까지 동행해 주심으로 그에게 엄습해 오는 두려움을 이기게 해주셨습니다.

④ 또 한 번 통곡하고 울부짖는 세상의 소리에 야이로가 두려워하지 않도록 세상의 소리를 꾸짖으신 예수님은 그 딸이 "잔다"는 말씀으로 두려움을 이기게 하셨습니다.

⑤ 예수님은 야이로의 두려움을 "일어나라"는 음성으로 완전히 해결해 주셨습니다. 다시 한 번 예수님의 소리가 두려움과 문제를 해결하는 음성임을 알게 하셨습니다.

(2) 야곱의 문제를 해결하시는 하나님의 방법과 행동을 보여 주어야 합니다.

하나님은 야곱을 만나 복에 대한 확신을 주시려고 꿈이라는 특별한 방법으로 만나 주셨습니다. 직접 만나는 것은 야곱의 생명이 위험하기 때문입니다. 사다리는 하나님과의 관계가 끊어지지 않았음에 대한 표징입니다. 하나님은 아버지 이삭을 통해 받은 복을 상기시키시며 야곱에게 더 큰 복을 약속해 주셨습니다.

- 아버지의 복 : 하늘의 복, 땅의 복, 자녀의 복, 기도응답의 복(권세의 복)-13, 14절
- 더 큰복 : 함께 하시는 복, 지키시는 복, 회복의 복, 모든 것이 성취되는 복

이렇게 하나님께서는 야곱과의 계속적인 만남으로 반드시 그가

복의 사람이 되게 하시겠다고 약속하셨습니다.
"다 이루기까지 너를 떠나지 아니하리라"는 말은 반드시 복을 주신다는 확실한 약속입니다. 이렇게 본문을 통하여 문제를 해결하시는 하나님의 방법과 행동을 구체적으로 이끌어내어 보여 준다면 현 청중은 이 하나님을 오늘 나에게 역사하시는 현재의 하나님으로 믿고 받아들이게 됩니다.

이제 요한복음 9:1-12을 통하여 핵심적인 관점을 찾고, 하나님의 목적을 드러내고, 목적을 중심으로 움직이시는 하나님을 이끌어내 봅시다!

날 때부터 소경된 자가 예수님을 만나서 치유 받은 사건이 나옵니다. 제자들을 포함한 많은 사람들은 이 소경된 자의 불행이 누구의 죄로 인하여 비롯된 것인지 궁금했습니다. 참지 못한 제자들은 예수님을 향하여 질문을 던졌지만 예수님의 대답은 너무도 엉뚱하셨습니다.
"누구의 죄도 아니라 그에게서 하나님이 하시는 일을 나타내고자 함이라"고 하시며 "나는 세상의 빛이다"는 말씀으로 마무리를 하셨습니다. 그리고 잠시 땅에 앉아서 쉬려고 하시나 했는데 침을 뱉어 땅에 있던 흙과 섞으시더니 그 침과 섞인 흙을 소경의 눈에 바르셨습니다.
소경도 주변 사람들도 얼마나 당황했겠습니까!
더러운 침과 흙먼지를 소경의 눈에 바르는 예수님을 어떻게 이해해야 합니까? 사람들은 예수님을 향해 무어라 했겠습니까? 필경 사람들은 예수님이 소경을 멸시하는 것으로 오해했을 것입니다.

그러나 이것이 끝이 아니었습니다. 흙 범벅 얼굴이 되어버린 이 소경에게 이제는 실로암 못에 가서 씻으라 하셨습니다. 이런 꼴을 하고 실로암 못까지 가라니! 이건 말도 안 되는 이야기입니다.

실로암 못에 이 소경의 눈을 뜨게 하는 특별한 것이라도 들어 있단 말일까요? 이 소경이 그 꼴로 실로암 못까지 가는 동안 사람들에게 놀림 당할 것은 너무도 자명합니다. 어쩌려고 이 소경을 웃음거리로 만드시려는 것일까요!

만일 이 소경의 가족이 이 모습을 보았다면 예수님을 향하여 거세게 항의하거나 실로암 못에 가서 씻을 필요 없이 지금 당장 씻으라고 이 소경의 손을 잡아 이끌고 집으로 데려갈 것입니다. 정말로 예수님은 이 소경을 웃음거리나 조롱의 대상으로 삼으시려는 것일까요? 예수님이시라면 실로암 못에 가서 씻지 않아도 얼마든지 치유하실 수 있는 분인데 왜 이 소경에게 꼭 실로암 못에 가서 씻으라 하시는 것일까요?

지금 예수님은 이 소경을 치유하고 계십니다. 예수님이 치유를 목적으로 이 소경에게 실로암 못에 가서 씻으라 했다면 거기 가서 씻어야 하는 분명한 이유와 목적이 있다는 것을 잊지 말아야 합니다.

우리가 아는 분명한 사실은 실로암 못 안에는 어떠한 치유의 힘도 존재하지 않습니다. 즉, 예수님께서 소경을 보내시는 것은 실로암 못이 가진 치유의 힘을 빌리려는 것이 아니라는 뜻입니다.

그렇다면 이 소경의 태도를 통하여 예수님이 무엇인가를 말씀하시려는 것임을 설교자는 놓치지 말아야 합니다.

(3) 예수님께서 실로암 못에 가서 씻으라고 하신 목적은 무엇일

까요?

그것은 문제를 해결하고자 하는 사람은 해결하는 과정 속에서 찾아오는 수많은 고통과 시험을 이겨내야 기적을 체험하게 된다는 것을 알려 주시려는 것이 목적입니다. 하나님은 문제를 안고 있는 우리가 움직일 때 기적을 일으켜 주십니다.

예수님은 이 소경이 실로암 못에 가서 씻도록,
① 먼저 소경의 생각부터 씻겨 주셨습니다. 실로암 못은 이 소경도 잘 아는 곳입니다. 평소에 거기서 어떤 병이나 상처가 치유되었다는 이야기를 들은 적이 없습니다. 이 소경도 이 실로암 못에서 씻은 경험이 있습니다. 그러기에 이런 고정된 생각을 씻어내지 않으면 가서 씻을 수 없음을 아시고 이 소경의 생각부터 씻겨주셔서 믿고 가서 씻게 하셨습니다.
② 눈에 흙을 바르신 것은 반드시 씻어야 할 필요가 생기게 하신 것입니다. 씻어야 할 이유를 주심으로 꼭 실로암 못에 가서 씻으라는 예수님의 강한 메시지입니다.
③ 실로암 못에 가는 동안 찾아온 방해와 시험을 이겨내게 하셨습니다. 이 소경이 가는 동안 한두 사람이 보았겠습니까? 눈에 흙을 바르고 더듬거리면서 어디론가 향하는 이 소경을 사람들이 그냥 둘리 만무합니다. 하지만 예수님은 이 소경의 믿음이 흔들리지 않도록 끝까지 붙들어 주셔서 실로암 못에 가서 씻게 하셨습니다.
④ 마침내 실로암 못에 그가 가서 씻을 때, 예수님이 그의 눈을 고쳐 주셨습니다. 문제를 해결하기 위하여 찾아온 시험과 어려움을 이기고 실로암 못에 가서 씻었더니 예수님이 고쳐 주셨습니다.
예수님은 분명한 목적을 가지고 실로암 못에 가서 씻으라 하셨

습니다. 하나님의 목적과 그 목적을 이루시는 방법과 행동을 하나로 이끌어내야 합니다. 목적과 방법을 제시할 때, 만약 설교자가 서로 다른 방향으로 말하게 되면 그 설교는 청중에게 들리지 않게 됩니다.

3. 어떻게 하나님의 목적과 방법을 드러낼까요?

하나님의 목적과 방법을 이끌어내려면 분명한 관점과 합리적인 추론이 반드시 필요합니다.

1) 본문의 관점을 찾아야 합니다.

마가복음 5:21-43에는 예수님이 목적을 이루시는 방법과 행동이 비교적 본문 속에 잘 드러나 있습니다. 하지만 요한복음 9:1-12은 예수님의 방법과 행동이 거의 드러나 있지 않습니다. 이때 설교자가 하나님이 무엇을 말씀하시려 하시는가를 묵상하고 합리적인 추론을 통하여 하나님의 목적을 드러내야 합니다.

설교자에 따라서 본문을 대하는 관점이 다를 수 있습니다. 설교자가 가진 신학적인 소양이나 본문을 이해하는 정도, 현 청중에게 선포하려는 설교자의 의도에 따라서 차이가 있을 수 있습니다. 그러나 분명한 것은 설교자의 욕심이 아니라 하나님의 목적을 보여주어야 한다는 사실입니다.

예수님 곁에서 똑같은 사건을 보았던 제자들 사이에도 각기 다른 관점이 존재했습니다. 이들의 목적이 다른 것이 아니라 목적을 드러내는 방법이 다를 뿐인 것입니다. 이들 모두의 목적은 예수님을 드러내는 것입니다.

2) 합리적인 추론이 필요합니다.

추론이 없는 설교는 불가능합니다. 추론하지 않는다고 말하는 설교자가 있다면 자신의 설교를 들어보십시오! 추론이 없이 설교를 한다는 것은 설교자가 본문을 읽어 주는 것 이상을 하지 않는다는 말과 같습니다. 추론이 없는 설교를 하지 않으려 하지 말고 합리적이고 신학적인 추론을 통하여 본문을 더 깊고 넓게 드러낼 수 있어야 합니다.

설교에서 추론은 하나님의 목적(관점)을 현 청중이 쉽게 받아들이도록 하기 위한 것입니다. 이것이 추론의 목적입니다. 앞에서 말한 것처럼 본문 속에 숨겨진 하나님의 목적과 방법, 행동을 드러내는 것이 추론입니다. 추론을 통하여 하나님의 방법과 행동을 찾을 때 꼭 명심해야 할 것이 있습니다. 하나님은 가주어(본문의 주인공)를 중심으로 행동하신다는 사실입니다.

(1) 사무엘하 12:15-23을 보십시오!

다윗처럼 대단한 영성과 능력을 가졌던 사람도 자신의 범죄를 숨기고 정당화시키기 위해서 충신을 전쟁터에 고의적으로 내보내 죽였습니다. 이는 충신의 아내를 빼앗기 위한 다윗의 집요함이 부른 범죄입니다. 이런 다윗을 보면서 완전한 사람은 없다는 생각이 듭니다.

다윗이 이런 자신의 완전범죄를 스스로 대견해 하며 안심하고 있을 때 하나님은 선지자 나단을 통하여 그의 범죄를 폭로하시며 죄과에 대한 심판, 즉 대가를 지불하게 될 것을 선언하게 하셨습니다.

그 받을 심판의 내용은 다윗이 정말 감당하기 힘든 것이었습니다. 자신이 사랑하여 빼앗았던 아내 밧세바로부터 얻은 아들을 하나님께서 치셨습니다. 다윗은 눈에 넣어도 아깝지 않은 아들이 중병에 시달리며 너무도 고통스럽게 죽어가는 것을 하루하루 지켜봐야 했습니다. 7일간 계속된 아이의 고통은 싸늘한 시신이 되어 아비 다윗의 품에 안기고 말았습니다. 이렇게 하나님의 심판은 끝이 났습니다.

그런데 아이의 죽음을 대하는 다윗의 태도가 좀 이상합니다. 아이가 죽기 전에는 금식하며 땅에 엎드려 일주일을 꼼짝하지 않았던 다윗이 아들이 죽자 자리를 툴툴 털고 일어나서 목욕을 한 후 기름을 바르고 새 옷을 갈아입습니다. 그리고 잔칫상처럼 차려진 풍성한 식탁에 앉아서 맛있게 식사를 즐기는 것입니다.

어찌 자식을 잃은 아비가 이럴 수 있습니까? 일주일동안 눈물 흘리며 금식하던 아비의 모습은 사람들에게 보이기 위한 거짓과 위선이었단 말입니까? 다윗의 이런 모습을 보면서 누가 다윗이 자식을 사랑해서 모든 것을 버리고 울부짖었던 아비라고 하겠습니까? 다윗의 곁을 지키던 수많은 사람들과 궁정에 있던 많은 사람들은 이런 다윗의 태도에 모두들 놀랐을 것입니다.

너무도 고통스러워하며 슬퍼했던 다윗을 보면서 신하들은 왕의 곁을 떠나지 못하고 함께 일주일 동안 자리를 지켜야 했습니다. 땅바닥에 엎드려서 자식을 살려 보려는 아비의 심정을 너무도 잘 알기에 나이 많은 원로들이 몇 번이고 위로하며 일으키려 했으나 꼼짝도 안 했던 다윗이었습니다.

정신을 차리고 일어나서 몸을 추스르는 것은 당연하다지만 평소보다 더 화려하게 차려입고 앉아서 잔칫상에서 먹고 마시는 것은 누가 보아도 정상적인 아비의 모습은 아닙니다. 죽은 아들의 장례도 치르기 전에 태도를 바꾸는 다윗의 모습은 아들을 잃은 어미 밧세바와 주변의 사람들에게도 오해를 받을 여지가 너무도 많아 보입니다.

그동안 다윗의 아들에 대한 사랑은 거짓이었을까요? 왜 다윗은 아무도 이해할 수 없는 이런 행동을 하는 것인가요? 그런데 본문을 몇 번이고 묵상하면 할수록 하나님은 다윗을 여전히 사랑하시고 다윗 또한 하나님께 대한 신뢰와 사랑이 넘쳐나고 있음을 알게 됩니다. 다윗이 냉정한 아비처럼 보이는 이러한 모습도 하나님이 다윗에게 주신 특별한 은혜 때문입니다.

아버지 하나님은 누구보다도 다윗의 아픔과 고통을 잘 알고 계십니다. 그래서 하나님은 다윗 속에 누구도 깨닫지 못했던 특별한 은총을 주셔서 자신 속에 일어난 슬픔과 절망을 극복하게 하셨습니다.

하나님께서 다윗에게 주신 특별한 은총은 바로 내세신앙, 천국신앙, 부활신앙입니다. 병들어가는 아들이 살 수 있다면 다윗은 자신의 목숨이라도 버릴 수 있었습니다. 하지만 그의 아들이 죽은 후에 다윗이 그 태도를 바꾼 것은 그가 가진 내세 신앙 때문입니다.

다윗은 그의 아들이 하나님의 품에 안겼다고 믿었기에 더 이상 슬퍼하지 않았습니다. 그의 아들이 천국에 있고 앞으로 자신도 그곳에 가서 아들을 만날 수 있다는 확실한 내세신앙이 모든 슬픔의 자리를 털고 일어나게 했습니다.

죽음이 영영 이별이라는 불신앙은 슬픔과 좌절의 아픔 속에서 우리들을 일어나지 못하게 합니다. 하지만 내세신앙, 천국신앙이 분명하면 믿음 안에서 어떤 슬픔과 아픔도 이겨낼 수 있음을 하나님은 다윗을 통하여 오늘 우리에게 말씀하고 계십니다.

① 아이가 살아 있을 때에는 하나님의 긍휼을 바라보며 최선을 다하여 하나님을 의지하는 다윗의 모습은 분명 그가 믿음의 아비였음을 알게 합니다. 자신의 잘못을 알고 회개하며 통회함이 그의 믿음이었고, 자신의 회개로 아들을 회복시켜 주시길 기도하는 것 또한 믿음의 모습이었습니다.

② 다윗은 내세신앙을 행동으로 보여 주었습니다. 이레를 앓다가 떠난 그 아들이 고통과 아픔이 없는 하나님의 품에 있다는 다윗의 믿음은 그로 하여금 더 이상 슬퍼하며 금식할 이유가 없음을 깨닫게 했습니다. 다윗은 그 믿음으로 다시 일어났습니다.

③ "나는 그에게 가려니와"라는 다윗의 고백은 자신의 아들이 죽은 것이 아니라 하나님 품에서 영원히 살아있다는 사실과 그러기에 다시 만날 수 있다는 믿음의 고백입니다. 그는 그 믿음으로 다시 일어나 먹고 마시는 행동으로 보여주었습니다.

이는 모두 다윗의 문제를 해결하시는 보이지 않는 하나님의 개입이 있었기에 가능했습니다. 하나님은 가주어(인물)를 중심으로 문제를 해결하시는 방법과 행동을 보여주십니다.

(2) 마태복음 14:13-21절을 보십시오!

세례요한의 죽음은 모두에게 커다란 충격이었습니다. 다른 사람은 몰라도 세례요한의 제자들은 스승의 죽음에 대해 쉽게 풀리지 않는 의문점과 허탈함을 동시에 겪어야 했을 것입니다. 누구 한 사람 나서서 이런저런 말을 하기도 애매한 상황에서 모두의 시선은 예수님께 집중되었을 것입니다. 그러나 예수님조차도 아무런 말씀도 하시지 않고 뱃세다 들판으로 자리를 옮기셨습니다.

세례요한의 죽음 이후에 백성들의 마음도 혼란스러웠는지 다른 날 보다도 더 많은 사람들이 뱃세다 들판의 예수님을 찾아 모여 들었습니다. 분명 이날 예수님의 모습은 평소와는 다른 모습이셨습니다. 하루 종일 쉬지도 않으시고 설교에만 집중하셨기 때문입니다. 아침부터 시작된 예수님의 설교는 점심도 거른 채 저녁 무렵까지 계속되었습니다. 저녁이 되자 더 이상은 참을 수 없었던 제자들 중 몇 사람이 예수님께 배고픔을 호소하였습니다.

제자들의 얼굴에 당황한 모습이 역력했습니다. 이곳은 빈 들이요 때도 이미 저물었고 무리들이 배고픔에 힘들어 하고 있으니 마을로 보내서 각자 먹을 것을 해결하게 하자고 했습니다. 제자들은 현실 상황을 아주 합리적이고 정확하게 예수님께 전달했습니다.

- "빈 들"- 여기서는 아무것도 해결할 수 없는 곳이라는 의미겠지요.
- "날이 저물었다"- 시간적으로 배고픔을 견딜 수 있는 정도가 이미 지났다는 뜻을 전달한 것이구요.
- "무리를 보내어 마을로 가서 각자 사먹게 하소서"- 이 많은 사람들의 배고픔을 여기서 당장은 아무것도 해결할 수 없기에 각자가 스스로 해결하도록 더 늦기 전에 빨리 보내자는 제안입니다.

제자들도 여러 고민 끝에 최선의 길을 찾아서 예수님께 말씀 드렸습니다. 그런데 예수님은 아주 단호하게, "갈 것 없다, 너희가 먹을 것을 주라"고 반응하십니다.

제자들은 한결같이 "어찌 이 많은 사람들의 먹을 것을 줄 수 있단 말입니까? 한두 명도 일이백 명도 아닌 여자와 어린아이를 제외하고 남자만 오천 명이나 되는 사람들의 먹을 것을, 그것도 당장 여기서 해결해 주라니! 이런 무리한 말씀이 어디 있다는 말입니까?"

이건 억지나 다름이 없습니다. 이런 예수님의 말씀을 들은 제자들은 궁여지책으로 "우리에게 보리떡 다섯 개와 물고기 두 마리가 전부입니다"라고 말하며 제자들로서는 전혀 불가능한 문제라는 것을 다시 한번 예수님께 상기시켜드렸습니다.

이때 예수님은 "그것을 내게로 가져오라" 하시더니 배고픔을 해결하려고 집으로 가려던 무리를 명하여 잔디 위에 앉게 하시고 하늘을 우러러 축사하시고 떼어 제자들에게 주시며 무리에게 먹이게 하셨습니다.

보리떡 다섯 개와 물고기 두 마리로 축사하신다고 무슨 뻥튀기 기계에서 나오는 것처럼 엄청난 양으로 불어나기라도 한단 말입니까? 이 많은 사람들의 발길을 멈추어 두시고 대체 어찌 하시려고 무작정 떼어 주라는 것입니까? 떼어 주라는 것을 보니까 분명 뻥튀기처럼 불어나는 것은 아닌 것 같은데….

생각해 보세요? 보리떡 다섯 개와 물고기 두 마리를 떼어서 조각으로 갖다 준다면 몇 명이나 먹을 수 있을까요? 제자들은 그것을 떼어다 갖다주라는 말씀에 얼마나 당황했겠습니까?

혼자 먹기도 모자란 것을 떼어서 조각으로 나누어 주라니… 지금 예수님이 무모한 일에 억지를 부리고 계시는 거 아닙니까? 하루 종일 배고프고 지친 무리들을 조롱하고 제자들을 우습게 만드는 일입니다.

여러분의 생각은 어떻습니까? 예수님은 절대로 그런 분이 아니십니다. 하루 종일 예수님의 말씀을 듣고 지쳐있는 무리들을 그냥 지친 채로 돌려보내지 않으시려는 것이 예수님의 애타는 심정입니다. 예수님이 보리떡 다섯 개와 물고기 두 마리를 제자들에게 주시며 떼어주라 하시는 것은 특별한 의미를 가지고 하신 말씀입니다.

예수님은 '떼어주는' 이 행위를 통하여 예수님이 누구인가를 보여 주시려는 목적입니다. 예수님께 가져오게 하고 예수님의 손에서 축사하시고 떼어주신 것은 예수님의 손이 공급의 손이요 해결의 손임을 알게 하기 위함입니다. 그러므로 부족함을 느낄수록 예수님께 가져와서 예수님의 손에서 다시 떼어주시는 축복을 통하여 나도 먹고 다른 사람들도 살리는 자들이 되기를 원하십니다.

예수님께서 직접 주지 않으시고 제자들에게 떼어 주라 하신 것을 주목해 보십시오. 이것은 앞으로 제자들이 예수님처럼 축사하고 떼어서 먹이게 될 자임을 모두에게 알리신 것입니다.

떼어주시는 복을 누리려면,

① 예수님께 보리떡과 물고기를 가져가야 합니다. 예수님 외에는 아무도 이런 일을 행할 수 없습니다. 예수님의 손이 공급의 손이요 기적의 손입니다.

② 예수님의 말씀대로 움직이면 됩니다. 지금 눈에 보이는 상황에서 예수님의 말씀대로 움직이는 것은 누가 보아도 이해할 수 없습니다. 하지만 예수님의 말씀대로 움직인 결과 모두가 행복해졌습니다.

③ 남은 조각을 잘 관리해야 합니다. 예수님이 떼어주는 결과는 놀라웠습니다. 그 많은 사람들이 배불리 먹고도 열두 광주리가 넘

치도록 남았습니다. 예수님은 이 남은 것을 관리하도록 지시하셨습니다. "버리는 것이 없게 하라." 낭비와 무절제는 축복 받은 자의 삶이 아닙니다. 지금도 예수님의 손은 부족한 모든 것을 해결하고 계십니다.

(3) 사무엘하 5:17-25을 보십시오!

다윗은 특별한 사람입니다. 그가 살아온 삶을 돌아보면 평범하다고 여길 만한 부분이 거의 없습니다. 어린 시절 목동이었을 때 사자와 곰을 맨손으로 찢어 죽였고, 형들을 제치고 어린 나이에 왕으로 기름 부음을 받았으며, 사울 왕이 장인이었음에도 매번 죽음의 위기를 견디어 내야 했습니다. 그리고 이스라엘의 왕이 되었으나 그의 주변에 위기는 그칠 줄을 몰랐습니다.

다윗이 왕이 되었다는 소식이 퍼지자 블레셋 족속이 다윗을 만만히 여기고 전쟁을 일으켰습니다. 블레셋은 르바임 골짜기를 가득 메우고 위협을 가했습니다.

그런데 다윗은 전쟁을 대비할 생각은 하지 않고 여호와께 여쭈어 봅니다.

"내가 블레셋 사람에게 올라가리이까."

다윗의 간구를 들으신 여호와께서 말씀하십니다.

"올라가라 내가 반드시 블레셋 사람을 네 손에 넘기리라."

그리고 여호와의 응답대로 전쟁은 대승리였습니다.

"여호와께서 물을 흩음같이 내 앞에서 대적을 흩으셨다 하므로 그곳 이름을 바알브리심이라 부르니라."

블레셋 사람들은 전쟁을 성공적으로 치르기 위해 앞세우고 왔던 자기들의 우상들마저 팽개치고 도망하기에 바빴습니다. 그러나 그리 오래지 않아 블레셋 사람들이 다시 다윗을 공격해 왔습니다. 그런데 다윗은 이번에도 또 여호와께 여쭈어 봅니다.

얼마 전에 여쭈고 승리한 전쟁입니다! 다른 사람들이 쳐들어 온 것도 아니고 같은 블레셋 사람들이 공격해 온 것인데 다시 여쭈어야 할 필요가 있을까요?

지금은 1초라도 아껴써야 할 전시 상황입니다. 시간을 쪼개어 대비를 해야 할 상황인데 전쟁의 총사령관인 다윗은 자꾸 여호와께 여쭈기만을 반복합니다("여쭈다"를 핵심 관점으로 문제 제기한 것).

다윗은 블레셋이 무서워 하나님을 핑계로 시간을 벌려는 것입니까? 아니면 전쟁을 수행할 아무런 대책이 없어서 그런 것일까요?

전쟁만 벌어지면 여호와께 여쭈기를 반복하는 다윗을 모습을 보면서 주변 사람들은 어떤 생각을 했을까요?

우리가 알고 있는 다윗은 뛰어난 군사요 전쟁 경험이 많은 사람입니다. 또한 누구보다도 용감한 사람이고 지혜로운 사람입니다. 이런 다윗을 아는 우리이기에 다윗의 이러한 특이 행동이 결코 인간적인 모자람이나 두려움에서 비롯된 것이 아닐 것이라는 점에 주목해야 합니다.

다윗은 인간의 생사화복을 주장하시고 전쟁의 결과를 쥐고 계신 여호와께 여쭈어야 승리한다는 것을 알고 있었습니다. 하나님께서 승리를 주시지 않으면 그 어떤 힘과 계략도 소용없음을 그는 이 "여쭈는" 행위를 통해 고백하고 있습니다.

그러면 한 번만 여쭈면 될 것을 왜 매번 계속해서 여쭈고 있습니까? 전쟁의 모든 전략과 전술이 하나님께 있기에 매번 하나님의 전략을 물었습니다. 매번 하나님의 전략을 알아야 매번 승리할 수 있기 때문입니다.

① 여호와께 여쭈기 위해서 다윗은 자신의 모든 것을 내려 놓았습니다. 그가 가진 전쟁의 경험과 비결을 전혀 앞세우지 않았습니다.
② 여호와께서 주신 전략으로 싸웠습니다. 자신의 생각이 아닌 하나님의 지시대로 움직였습니다.
③ 다윗은 전쟁에서 승리하게 되었고 이후에도 여호와께 여쭈는 삶을 살았습니다.

예수님께서도 문제를 가지고 찾아오는 모든 자들에게 답을 주셨습니다. 그리고 문제 앞에서 예수의 이름으로 여쭈라 하셨습니다.

본문 안에 감추어진 하나님의 목적과 방법으로 하나님을 보여주는 것이 설교입니다. 하나님을 보여주는 설교는 성령께서 청중의 마음을 움직이고 변화하도록 역사하십니다.

The Core of the

Preac

보여주는
설교

제7장

청중을 움직이라

설교의 목표는 설교자가
설교를 통하여 이루어야 할 결과입니다.
하나는 하나님을 보여주는 것이고,
다른 하나는 청중을 움직여서
하나님의 목적대로 살아가게 하는 것입니다.

내가 호렙 산에 있는
그 반석 위 거기서
네 앞에 서리니
너는 그 반석을 치라
그것에서 물이 나오리니
 백성이 마시리라
모세가 이스라엘 장로들의
목전에서 그대로 행하니라
(출애굽기 17:6)

1. 설교의 목표는 무엇일까요?

설교의 목표는 설교자가 설교를 통하여 이루어야 할 결과입니다. 그래서 설교자마다 이런저런 목표를 가지고 설교를 준비합니다. 설교의 목표는 두 가지로 압축될 수 있습니다. 하나는 하나님을 보여 주는 것이고 다른 하나는 청중을 움직여서 하나님의 목적대로 살아가게 하는 일입니다.

앞에서 어떻게 하나님을 보여 줄 것인가에 대하여 말했습니다. 이번에는 어떻게 청중을 움직일 것인가를 함께 생각해 봅시다. 앞에서 이미 F4의 기능을 설명하면서 다루었지만 이제 본문을 중심으로 한 번 더 청중적용과 결단에 대하여 다루어 보겠습니다.

1) 청중은 변화를 원하기 때문에 설교를 듣습니다.

변화란, 새로운 것을 향한 열망에서도 생기지만 대부분은 자신이 안고 있는 문제를 해결받고 문제의 현실에서 벗어나려는 갈망입니다. 설교자는 이러한 청중의 현실을 깊이 헤아려 변화를 이끄는 설교를 해야 합니다.

2) 청중의 변화를 이끄는 부분이 설교의 적용과 결단입니다.

대부분의 설교자들이 본문을 주석한 후 대지를 구분하여 전달하는 설교에는 익숙합니다. 설교자에 따라서 다르긴 하지만 대지를 구분하여 전달하는 설교는 적용과 결단이 약하다는 것이 보편적인 견해입니다. 안타깝게도 적용이 없고 결단이 없는 설교에서는 설교의 꽃과 열매를 기대할 수 없습니다.

3) 설교자는 청중을 움직여야 합니다.

청중을 움직이기 위해서는 반드시 적용을 해야 합니다. 적용이란, 본문의 내용과 오늘 청중의 현실을 연결하는 다리입니다. 청중은 적용을 통하여 현재 자신의 문제가 무엇인가를 찾아냅니다. 그리고 그 문제 해결을 위해서 설교자가 적용하는 방향으로 움직입니다. 그러므로 설교자가 적용을 잘하면 청중은 자신의 문제를 해결하려는 의욕을 가지고 반드시 행동하게 됩니다.

2. 어떻게 적용할 것인가?

청중은 다양한 환경 속에서 살아가고 있습니다. 그러므로 각자 처한 문제나 기대가 다를 수 있습니다. 100명의 청중이 있다면 이들이 가진 문제들은 100가지가 아니라 수백 가지가 될 수 있습니다. 나는 문제가 없어도 내 아내나 자녀들이 문제를 가지고 있다면 나 역시 문제를 안고 있는 것이기 때문입니다. 문제의 종류도 이루 헤아릴 수 없이 많습니다. 어떤 이는 돈, 어떤 이는 자녀, 질병, 사업, 취직, 부부갈등, 시댁과의 갈등 등 열거할 수조차 없습니다.

이 많은 사람들의 문제들을 어찌 설교 한 편에서 다 다룰 수 있겠습니까! 전혀 불가능한 일입니다. 모두 적용, 모두 해결은 어렵다는 사실을 우리는 잊지 말아야 합니다.

방법은 하나뿐입니다.

1) 설교 한편에서 하나만을 집중적으로 해결합시다.

본문과 연결된 관점을 가질 때 하나를 적용할 수 있습니다. F2의 본문 관점을 F4에서 청중의 문제로 적용하고 해결 방향을 주면 됩니다.

청중적용을 구체적으로 살펴봅시다.

설교자는 본문의 관점(문제)과 청중의 문제를 하나로 연결해야 합니다. 마가복음 5:21-43의 본문에서 "두려워하지 말라"는 관점으로 설교를 이끄는 핵심적인 관점을 제시하고 해결을 주었다면 청중 적용도 두려워하는 것을 문제로 제시하고 해결을 제시해야 합니다.

예를 들면, 오늘 현 청중이 두려움으로 인하여 많은 좌절과 공포, 염려 속에 살아가는 모습을 현실적으로 말해주고 이것이 자신의 삶의 모습임을 알고 자신의 문제로 받아들이도록 해야 합니다.

설교자는 청중의 입장(관점)으로 적용해야 합니다. 설교자가 문제를 다룰 때 마치 설교자 자신의 문제처럼 현실적인 상황과 그로 인하여 겪는 육체적, 정신적, 영적 고통들을 전해야 청중도 설교자의 음성을 자신의 문제로 받아들이고 적용하려는 움직임을 갖게 됩니다.

2) 적용이 생활과 연결되어 변화를 가져오려면 분명한 해결을 제시해 주어야 합니다.

현 청중이 설교를 듣는 이유가 여기에 있습니다. 청중은 이미 해결된 본문의 이야기를 듣기 위해서 설교를 경청하는 것이 아니라 본문의 문제가 해결되는 과정을 통하여 자신의 문제도 해결되기를 기대하기 때문에 설교를 듣습니다. 그래서 설교자는 분명한 해결을 주어야 합니다.

3) 적용은 청중이 자신의 문제를 알고 그 문제를 해결하도록 방향을 제시하는 것입니다.

청중의 생각을 신앙적인 관점으로 바꾸어야 합니다. 두려움이라는 것은 일반적인 관점입니다. 이 두려움이 극복되려면 일반적인 관점과 일반적인 방법으로는 해결할 수 없습니다. 청중의 생각이 바뀔 때 해결이 시작됩니다.

어떻게 신앙적인 관점으로 바꾸어 줄 수 있을까요? 사람들은 결단을 통하여 움직입니다. 신앙의 사람도 마찬가지입니다. 일반적인 관점으로부터 한 사람이 신앙적인 관점으로 바뀌려면 결단이 필요합니다.

신앙의 사람들은 결단을 할 때 신앙적 결단 용어(PW)를 가집니다. 예를 들어 믿음, 능력, 순종, 감사 등 신앙적인 결단 용어(PW)를 붙들고 결단합니다.

"두려움은 담대함이나 용기만으로 극복되는 것이 아닙니다. 오직 믿음(PW)으로 이겨낼 수 있습니다! 믿음은 두려움을 이기는 능력입니다. 믿음으로 두려움을 이깁시다!"

이렇게 믿음이라는 신앙적 결단을 갖게 하는 용어(PW)를 해결의 방향으로 제시할 때 청중은 두려움을 이기기 위해서 설교자가 제시한 신앙적 결단 용어, 즉 믿음을 붙잡고 두려움을 이기려는 의지를 가지게 됩니다.

청중을 움직이는 것이 적용입니다. 설교자는 현 청중이 움직일 수 있는 근거를 제시하고 앞에서 말한 신앙적 결단 용어를 붙잡고 움직이게 해야 합니다. 마가복음 5:21-43절에서 야이로가 두려움을 이겨내기 위해서 믿음으로 예수님과 끝까지 동행했다면 현 청중도 믿음으로 예수님을 놓치지 말고 끝까지 함께 하라고 구체적인 행동 방향을 주어서 움직이게 해야 합니다.

청중은 쉽게 변하지 않습니다. 변화와 움직임을 향한 강력한 촉구와 설득이 함께 이루어져야 청중은 그 적용대로 살고 싶은 의지를 비로소 가지게 됩니다. 설교자가 강력한 촉구를 몇 번이고 반복해서라도 청중이 움직이지 않으면 안 되도록 해야 한다는 말입니다.

앞에서 다루었던 본문들을 가지고 적용해 보겠습니다.

▶ 두려워하지 말라 〈마가복음 5:21-43〉

사랑하는 성도 여러분!

(1) 오늘 우리도 두려움의 홍수시대에 살고 있습니다.

여기저기 우리를 위협하는 두려움의 정체들이 우리의 삶을 뿌리째 흔들고 있습니다. 이름 모를 질병들이 하루에도 수십 개씩이나 생겨나고 그로 인하여 많은 사람들이 죽음에 대한 두려움으로 잠을 이루지 못하고 있습니다.

손을 씻어보고, 마스크를 착용하고, 숟가락을 들고 다니는 등 온갖 방법을 동원하여 두려움을 이겨내려고 발버둥 쳐보지만 여전히 두려움은 더 크고 더 강한 모습으로 우리 곁에 성큼성큼 다가오고 있습니다.

두려움은 수천 가지의 얼굴을 하고 있습니다. 이것을 극복했나

싶으면 또 다른 얼굴의 두려움이 고개를 들고 있습니다. 문제는 이런 두려움이 우리의 노력만으로는 해결되지 않는다는 데 있습니다. 이것이 더 큰 두려움입니다.

(2) 그럼 정말 두려움을 해결할 수 있는 길은 없는 것일까요?

아닙니다! 해결의 방법이 있습니다. 나의 방법으로는 안 되지만 하나님이 주신 방법을 가진다면 아무리 큰 두려움이라도 이기고 일어설 수 있습니다!

믿음(PW)은 모든 두려움을 이기는 가장 강력하고 유일한 능력입니다. 믿음이 두려움을 이겨내고 강한 자로 일어서게 하는 유일한 신앙적 해결방법입니다. 오늘 우리가 이 믿음을 가진다면 어떤 두려움도 정복할 수 있습니다. 오늘 이 믿음으로 두려움을 이기는 우리 모두가 되길 바랍니다.

믿음은 예수님을 붙잡는 것입니다. 예수님은 모든 두려움을 정복하신 분입니다. 그분을 붙잡는 자는 어떤 두려움도 걱정도 없습니다. 예수님께서 모두 해결해 주시기 때문입니다. 예수님을 믿음으로 붙잡은 자는 더 이상 두려움이 없습니다. 두려움을 이기는 자가 되기 위해서 오직 믿음, 오직 예수님을 놓치지 마십시오!

지금 이 자리에서 두려움을 몰아냅시다!
믿음은 두려움을 이기는 능력입니다!
믿음이 두려움을 부수는 무기입니다!

▶ 만남 〈창세기 28:10-22〉

사랑하는 여러분!

(1) 내 인생에서 특별한 만남은 무엇입니까?

지금 누구와의 만남을 위하여 살고 있습니까? 한 번의 만남이 어떤 사람의 일생을 바꾸어 놓기도 합니다. 그 만남이 그 사람을 성공으로 이끌기도 하지만 최악의 일생으로 무너뜨리는 경우도 있습니다. 여러분은 오늘 어떤 만남을 만들어 가고 있습니까? 여러분이 도모하고 있는 그 만남이 다른 어떤 일보다 최우선시 할 만큼 가치 있는 만남인가요? 혹시 당장 끊어야 될 만남은 아닌가요?

(2) 우리의 일생을 가장 가치 있게 만들어 줄 수 있는 아주 특별한 만남이 있습니다.

이 만남의 자리에 나아간 자마다 망한 자가 단 한 사람도 없습니다.

(3) 이 만남은 복을 받으려는 열정(PW)의 사람이 만날 수 있습니다.

이 만남의 조건은 열정(PW)입니다. 열정만 있다면 누구든지 이 만남을 가질 수 있습니다. 열정은 특별한 만남을 성사시키는 조건입니다.

(4) 이 만남의 상대자는 예수님입니다.

예수님은 내 인생을 송두리째 바꿀 수 있는 유일한 분입니다. 지금 그분이 나를 만나시려고 찾아오셨습니다.

(5) 말씀은 나를 찾아오신 예수님의 음성입니다.

복을 주시려고 나에게 내려주신 축복의 사다리입니다. 오늘 이 말씀의 사다리를 타고 올라가서 예수님을 만나는 기회를 만드십시오! 교회는 그분을 만나는 지정된 장소입니다. 예수님과 만남을 원하는 자는 그분이 언제든지 교회에서 만나 주십니다.

(6) 열정의 사람만이 특별한 만남을 가질 수 있습니다.

열정은 잃어가고 있는 축복을 되찾는 힘입니다. 열정의 사람만이 복을 누리는 영광을 얻습니다. 오늘 식어가는 열정을 일으키십시오! 이 시간 하나님께서 열정의 사람을 만나 복 주시려고 이 자리에 오셨습니다.

▶ 실로암에 가서 씻으라 〈요한복음 9:1-12〉

사랑하는 성도 여러분!
(1) 우리 속에도 씻어내지 못하는 어떤 모습들이 있습니다.
나면서부터 가진 불가능한 모습들은 씻을 수 없다고 생각합니다. 변화의 한계를 가지고 있는 조건들은 씻을 수 없다고 포기합니다. 그래서 의욕을 잃고 절망하고 운명을 탓하며 주저 앉아있기만 합니다. 정말 이렇게 살아도 되겠습니까? 이런 나의 모습을 언제까지 두고만 보면서 살아가시겠습니까?

(2) 나도 씻으면 달라질 수 있습니다.
오늘 예수님은 이런 나를 씻겨서 새롭게 하시려고 "씻으라"고 말씀하십니다. 오늘 예수님의 음성을 듣고 나도 씻긴 자의 삶을 살 수 있음을 믿으시기 바랍니다. 이 믿음이 나를 바꾸어 줍니다.

(3) 씻고 새로운 인생을 살기 위해서는 실로암 못까지 가야 합니다.
　어떤 어려움과 방해가 있더라도 반드시 실로암 못까지 가는 자만이 새로운 기적을 체험하게 됩니다. 지금 실로암을 향하여 움직이십시오! 나를 씻겨서 새로운 삶을 주시려고 예수님이 실로암에서 기다리고 계십니다.

(4) 믿음은 씻는 것입니다.
　지금이 기회입니다. 오늘이 씻고 새로워질 수 있는 기회입니다. 이 기회를 놓치지 않기 위해서는 지금 움직여야 합니다. 주님이 가라 하시는 실로암으로 가야 합니다.
　오늘 이 자리는 실로암으로 보내시는 주님의 음성이 있는 곳입니다. 지금 기회를 붙드십시오. 새로운 인생을 붙들 수 있는 기회입니다.

▶ 아이가 살았을 때에 〈사무엘하 12:15-23〉

사랑하는 성도 여러분!
(1) 죽음은 또 다른 삶을 향한 징검다리입니다.
　내가 살아있는 지금 이 시간이 중요합니다. 현재 내 모습이 또 다른 내세의 내 모습을 결정합니다. 죽음은 끝이 아닙니다. 지금 먹고 마시며 마음껏 누리며 살자고 외치는 자는 살아 있으나 죽은 자입니다. 내세에 대한 아무런 준비가 없다면 살아있으나 죽은 자입니다. 현세는 잠깐이지만 내세는 영원합니다. 현세는 내세를 준비하는 시간입니다. 이것을 놓치면 살아있으나 죽은 자입니다. 지금 이대로 살다가 죽어도 되겠습니까?

(2) 예수 안에서 나는 영원히 살 수 있습니다.

오직 예수님만이 영원히 행복한 시간을 주실 수 있습니다.
오늘 믿음(PW)으로 영생을 얻을 기회를 붙잡으십시오!

(3) 내가 살아있을 때 예수님을 구주로 믿고 영접해야 합니다.

이 기회를 놓친 자는 다시 기회가 없습니다. 반드시 이 땅에서 예수님을 믿고 영접해야 합니다. 바로 지금입니다. 지금 예수님을 영접하십시오! 내가 살아있을 때 영원히 사는 복을 받아야 합니다.

(4) 내세신앙을 가진 자는 삶이 다릅니다.

천국의 영생을 믿기에 불신자와 다른 삶을 살아갑니다. 믿음의 사람들은 천국을 바라보며 오늘 불신앙의 세력들을 이겨냅니다. 내세신앙은 오늘의 고난을 이겨내는 최고의 에너지입니다.

▶ 떼어주다 〈마태복음 14:13-21〉

사랑하는 여러분!
우리가 살아가는 동안 우리에게도 뱃세다 들판과 같은 상황이 발생합니다.

(1) 예수님의 말씀을 듣고 은혜도 받았지만 지치고 허기진 현실을 피할 수는 없습니다.
더 큰 문제는 우리의 힘으로는 이 상황을 전혀 해결할 수 없다는 사실입니다. 그래서 우리는 이런 현실 앞에서 낙심하거나 좌절한 경험이 있습니다. 그때 우리 주변에는 많은 사람들이 있었지만 아무도 도움이 되지 않았습니다. 누구 한 사람 나서는 사람이 없었습니다. 해결의 방법을 모르기 때문입니다. 만일 이런 상황이 지속되거나 다시 찾아온다면… 생각만 해도 끔찍합니다. 해결의 길을 찾아야 합니다. 해결할 길이 없으면 고통의 시간이 반복되는 것을 피할 수 없습니다.

(2) "내게로 가져오라"는 음성을 기억하면 됩니다.
예수님이 해결입니다. 예수님께 가면 됩니다.

① 예수님께 가면 해결됨을 아는 것이 믿음입니다.
이 믿음이 없는 자는 "내게로 가져오라"는 예수님의 음성을 있는 것마저 빼앗아가는 소리로 듣게 됩니다. 해결의 음성을 오해하고 혼자서만 힘들어 합니다.
② 가져가서 예수님의 손을 체험해야 합니다.

예수님의 손에서 축사하고 떼어주셔야 모든 궁핍과 부족을 해결하는 형통의 역사가 일어납니다.

③ 부족할수록 예수님의 손에 맡겨서 떼어주시는 기적을 받아야 합니다.

우리는 종종 부족하기에 더 가져갈 수 없다고 합니다. 지금도 부족한데 왜 자꾸 가져오라고 하느냐고 원망하고 불평을 합니다. 그러나 믿으십시오. 예수님의 손에서 떼어주시면 어떤 궁핍도 차고 넘치는 기적으로 바뀝니다. 기적이 일어납니다. 오늘부터 예수님께 가져가서 떼어주시는 복으로 부족과 결핍을 이겨내십시오!

④ 예수님은 몸된 교회에서 떼어주시기 위하여 기다리고 계십니다.

교회는 예수님의 기적이 선포되는 곳입니다. 교회는 예수님의 떼어주시는 기적이 선포되는 곳입니다.

▶ 여쭈니 〈사무엘하 5:17-25〉

사랑하는 성도 여러분!
우리도 살다 보면 위급한 상황을 만나게 됩니다.

(1) 여러분은 위기를 만났을 때 누구에게 여쭈어 봅니까?

위기 앞에서 우리도 여쭈는 일을 합니다. 경험이 많은 자나 부모 영성이 깊다고 여기는 자를 찾아서 여쭙니다. 심지어 어떤 자들은 신앙이 있다고 하면서 무속인이나 점쟁이를 찾아가 여쭈기도 합니다.

어떤 사람은 여호와께 한두 번 여쭈어보고 쉽게 포기를 합니다. 어떤 이는 단 한 번 여쭈어 본 경험으로 계속 살아가기도 합니다.

지금도 이런 과거형 신앙으로 살아가는 사람들이 우리 안에 적지 않게 있습니다.

(2) 여호와께 계속 여쭈는 것이 성공의 비결입니다.

하나님께서 내 인생의 모든 답을 쥐고 계심을 믿는 것이 신앙입니다. 하나님께 여쭈는 것이 실패하지 않는 비결입니다.

(3) 믿음으로 계속 여쭈고 또 여쭈며 살아야 합니다.

우리는 끊임없는 문제 속에서 살아갑니다. 하지만 이김의 전략이 우리에게는 없습니다. 방법은 하나뿐입니다. 여쭈고 또 여쭈는 것입니다. 믿음은 여쭈는 것입니다. 믿음의 사람은 반드시 하나님께만 여쭙니다.

예) 조지 뮬러는 5만 번을 여쭈었습니다. 그리고 5만 번을 승리했습니다.

(4) 여쭈고 응답주시는 장소로 정해주신 곳이 바로 교회입니다.

우리는 교회에 나와서 여쭈어야 합니다. 믿음은 하나님이 지정하신 곳에서 여쭈는 것입니다. 계속 여쭈고 계속 응답을 받는 것이 믿음입니다.

여쭈는 시간은 24시간입니다. 하나님은 여쭈는 자에게 시간을 초월하여 응답을 가지고 찾아오십니다.

▶ 반석을 치라 〈출애굽기 17:1-7〉

사랑하는 여러분!
믿음의 사람들이 가는 길목에도 목마름은 있습니다.
(1) 이때 주어진 해결방법이 너무도 어이없는 행동을 요구하는 것이라면 어찌 하시겠습니까?
우리는 스스로의 목마름을 해결할 수 없는 존재입니다. 인생의 목마름과 갈증은 절대 피할 수 없는 문제지만 불행하게도 그것은 인간이 지닌 본질입니다. 이 목마름은 누구에게나 찾아옵니다. 설마 하는 생각으로 방심하면 안 됩니다. 반드시 해결하지 않으면 안 됩니다. 이는 생명과 직결된 문제이기 때문입니다. 해결 안 되면 원망하고 불평하는 것도 당연합니다.
당신의 삶은 목마르지 않습니까? 당신은 목마름을 어떻게 해결하고 있습니까?

(2) 매 맞는 반석이 당신의 목마름을 해결합니다.
믿음으로 반석을 치는 자에게 생수가 터집니다. 이 반석을 치는 것은 세상의 힘과 방법이 흉내 낼 수 없는 믿음의 방법입니다.

(3) 반드시 지정된 반석, 그 반석을 쳐야만 합니다.
하나님이 지정하여 주신 그 반석을 치는 것이 모두를 살리는 길입니다. 자신의 지혜와 경험으로 선택한 반석은 천 번을 두드려도 해결을 기대할 수 없습니다.

(4) 우리에게 치라고 지정하신 반석은 바로 예수 그리스도입니다.

예수님은 나의 목마름을 위하여 매를 맞으셨습니다. 예수님께서 매를 맞으시며 흘리신 보혈이 우리의 목마름을 해결하는 유일한 생명수입니다. 이사야 선지자도 매 맞는 반석이신 예수님을 보여주었습니다(사 53:4-6).

이 예수님의 보혈에 내 인생을 적셔야 영원히 목마르지 않게 됩니다. 믿음은 매 맞는 반석 예수 그리스도를 마시는 것입니다.

이렇게 적용은 하나(본문)의 관점으로 청중에게 문제의식을 주고 그 문제를 해결할 수 있는 분명한 해결방향을 제시해야 합니다. 예문으로 제시된 본문적용을 반복적으로 읽고 소리를 내면서 실제 설교를 하는 것처럼 연습을 하면 다른 본문을 가지고도 적용할 수 있는 능력을 갖게 됩니다.

적용에서 문제해결을 위한 방향을 주었다면 설교자는 이제 청중이 그 방향으로 살아가도록 더 구체적인 방법을 주어서 청중을 움직여야 합니다. 이것이 결단입니다. 결단은 설교의 결과입니다. 설교자가 결단을 시키면 청중이 변화됩니다. 결단은 설교를 통하여 청중이 살아가야 할 구체적인 방법을 주는 것입니다.

3. 어떻게 결단하게 할까요?

1) 하나님의 목적(관점)으로 결단시켜야 합니다.

"두려워하지 말라"는 것이 핵심적인 목적(관점)이라면 무엇을 어떻게 두려워하지 말아야 하는가를 구체적으로 제시해야 합니다. 죽음을 두려워하지 말라든지, 사탄을 두려워하지 말라든지, 두려워하지 말아야 할 대상을 분명하게 제시해야 청중이 그 지침을 붙들고 나가서 행동하게 됩니다.

2) 두 가지 방향으로 설교자가 결단을 이끌어 낼 수 있어야 합니다.

하나는, 본문을 주신 목적(관점)을 중심으로 결단시킬 수 있습니다. 예를 들어서 마가복음 5:21-43은 '질병과 죽음에 대한 두려움'이 본문의 관점입니다. 이런 경우 결단 시킬 수 있는 항목이 선명하게 드러난 셈입니다. 질병을 두려워하지 말라, 죽음을 두려워하지 말라 등을 결단으로 이끌면 됩니다.

또 하나는, 설교자가 본문의 관점을 중심으로 목회중심적인 결단을 시킬 수도 있습니다. 두려워하지 말라는 핵심적인 관점으로 목회 중심적인 결단을 이끈다면 "주일 성수를 두려워하지 마십시오", "전도 대상자를 두려워하지 마십시오" 등 목회와 연관된 실천 항목으로 결단을 이끌면 됩니다.

3) 결단의 방법을 구체적으로 주어야 합니다.

결단이 행동으로 옮겨지도록 실천항목을 구체적으로 제시해 주어야 합니다. 이 부분이 매우 중요합니다. 청중은 어린아이와 같습니다. 하나부터 열까지 모두 챙겨주어야 움직인다는 것을 잊지 마십시오. 서두르지 말아야 합니다. 할 수 있는 것, 쉬운 것부터 주어서 나도 할 수 있다, 나도 해야겠다는 욕구가 생기도록 해야 합니다.

4) 결단의 마무리로 반드시 복을 주십시오.

회초리로 결단시키면 결과가 아주 미약합니다. 결단의 결과에 대한 큰 복을 보여 주면 억지나 강제가 아니라 기쁨으로 실천합니다. 이런 결단을 이끄는 자가 위대한 설교자입니다. 복으로 결단을 이끄는 것은 하나님의 방법입니다. 창세기 12장을 보십시오! 하나님은 아브라함에게 큰 복을 보여 주시면서 떠날 것을 결단시키셨습니다.

5) 이제 본문을 중심으로 결단을 이끌어 봅시다!

▶ 두려워하지 말라 〈마가복음 5:21-43〉

성도 여러분!
오늘 우리도 이 두려움을 이겨내지 않으면 절망과 좌절의 굴레에 갇혀서 아무 것도 할 수 없는 무기력한 삶을 살 수밖에 없습니다. 이 시간 두려움을 몰아내고 새로운 삶을 시작해 봅시다!
두려움의 얼굴은 한두 가지가 아닙니다. 오늘 우리가 몰아내야 할 두려움은 죽음에 대한 두려움입니다. 죽음에 대한 두려움이 사라질 때 내일에 대한 기대와 믿음으로 새롭게 일어설 수 있습니다. 죽음에 대한 두려움을 이겨내면 하나님이 예비하신 축복의 문으로 들어갈 수 있습니다.
죽음에 대한 두려움은 이렇게 몰아내야 합니다.

(1) 구원의 확신을 가져야 합니다.
천국에 대한 소망이 없으면 죽음은 두려움의 대상이 되지만 천국의 영생을 믿고 확신하면 죽음은 과정일 뿐이기에 두려움이 사라지게 됩니다.

(2) 예수님이 나와 동행하심을 믿으십시오!

예수님은 언제 어디서나 나를 떠나지 않으시고 항상 같이 계십니다. 예수님과 함께 하는 자에게는 죽음의 두려움이 있을 수 없습니다. 예수님은 죽음을 이기시고 부활하신 분입니다. 예수님의 부활은 죽음의 권세를 깨뜨렸습니다.

(3) 이 시간 두려움을 몰아내십시오!

"내 안에 있는 죽음에 대한 두려움은 예수 이름으로 떠날지어다." 믿음으로 담대히 선포하고 자신을 일으키십시오!

(4) 건강에 해로운 나쁜 습관도 버리시고, 운동도 하시고, 늘 즐거운 마음으로 생활할 때 죽음의 두려움은 절대로 찾아올 수 없습니다.

이렇게 죽음에 대한 두려움이 사라지면 하루하루가 즐겁고 행복한 삶이 됩니다. 무엇보다 마음에 평안이 찾아오고 신앙생활에도 성장이 옵니다. 하는 일마다 형통하게 되고 더 큰 복의 주인공이 됩니다.

▶ 만남 〈창세기 28:10-22〉

사랑하는 여러분!
오늘 우리도 특별한 만남을 가져봅시다.

이 만남으로 내 인생도 확실하게 달라질 수 있습니다.

이것은 하나님을 만나는 만남이기 때문입니다. 그렇다면 하나님을 어떻게 만날 수 있을까요? 예배는 하나님을 만나는 특별한 시간입니다. 하나님은 예배를 통하여 우리를 만나시려고 찾아오십니다.

하나님을 만나시려면 예배에 목숨을 거는 열정을 가지십시오!

(1) 예배는 준비부터 시작입니다.

하나님과의 만남을 준비 없이 임한다는 것은 너무도 형편없는 일입니다.

(2) 예배는 처음부터 마지막까지 참여해야 합니다.

늦게 오거나 축도하기 전에 나가는 일이 없어야 합니다. 하나님과의 시간을 자기 마음대로 늘리고 줄이며 행동하는 것은 있을 수 없는 일입니다.

(3) 예배시간에는 핸드폰을 비롯해서 예배에 방해를 줄 수 있는 모든 것을 사전에 점검하고 차단해야 합니다.

(4) 예배시간에는 낙서를 하거나, 눈인사를 하거나, 옆 사람과 이야기를 나누어서도 안 됩니다.

어린 아이를 동행하신 분들은 아이들이 방해가 되지 않도록 각별히 신경을 쓰셔야 합니다.

(5) 예배는 모든 순서에 적극적으로 함께 하시고 특히 설교에 집중하여 하나님이 주시는 은혜를 받아야 합니다.

하나님은 예배로 만나시고 예배로 말씀하십니다. 예배는 하나님과 계속되는 만남을 유지하는 특별한 시간입니다.

하나님과의 만남으로 야곱은 축복의 사람이 되었습니다. 예배는 내게 주실 복을 선포하시는 시간입니다. 나도 이 특별한 만남을 통하여 야곱의 복을 누릴 수 있습니다.

① 하나님이 함께 하시는 복이 계속됩니다.
　예배로 찾아오신 하나님은 절대로 나를 떠나시지 않으십니다.
② 야곱에게 주신 거부의 경제력이 내 것이 됩니다.
　예배는 복을 주시고 복을 받는 만남입니다. 예배는 나를 하나님의 축복의 세계로 인도합니다.
③ 자녀들에게도 특별한 축복으로 부어주십니다.
　예배자의 자녀는 하나님이 책임져주십니다.

▶ 씻으라 〈요한복음 9:1-12〉

사랑하는 여러분!

오늘 우리도 실로암 못에서 씻고 이제까지 보지 못하고 경험하지 못한 새로운 세계로 들어갑시다. 하나님은 이런 복을 주시려고 오늘 이 자리에 나를 부르셨습니다.

오늘 우리가 씻어내야 할 것은 신앙생활을 방해하는 잘못된 습관입니다. 믿음의 눈을 가리는 잘못된 습관들입니다. 좋은 습관은 신앙과 삶에 많은 유익을 줍니다. 하지만 잘못된 습관은 신앙과 삶을 힘들고 지치게 합니다. 이런 잘못된 습관을 반드시 씻어내야 건강한 신앙과 삶으로 복을 누리게 됩니다. 각자 가지고 있는 신앙의 잘못된 습관들이 다를 수 있습니다.

① 우리는 내가 어떤 잘못된 습관을 가졌는가를 알고 있습니다. 이 시간 내가 가진 신앙의 잘못된 습관들을 5가지 이상 적어 봅시다.
② 5개 중에서 꼭 고쳐야 되겠다는 것을 3개로 줄여서 적어 봅시다.
③ 적어둔 3개 중에서 이번 기회에 이것만은 꼭 씻어내야겠다고 다짐하게 되는 1개만 선택하고 이것을 반드시 씻어냅시다.
④ 어떤 어려움이 있더라도 1개를 반드시 씻어내야 합니다.

내가 노력하고 힘쓰는 과정을 보시고 주님이 도와주십니다. 만일 우리가 이렇게 한 달에 1개씩 고친다면 우리의 신앙과 삶에 놀라운 변화와 기적이 일어날 것입니다.

믿음은 씻는 것입니다. 잘못된 습관에서 나를 씻어내는 것이 믿음이요 살아있는 신앙입니다.

'씻으면' 인생이 열립니다. 새롭게 바뀝니다. 소경이 가서 씻을 때 그의 가장 큰 문제가 해결되었습니다. 우리도 믿음으로 잘못된 습관을 씻어버리면 변화된 나, 새롭게 된 나를 경험하고 더 자신감 있고 당당한 삶을 살게 됩니다.

나를 통하여 많은 사람들이 하나님의 살아계심을 보게 됩니다. 변화된 내가 하는 모든 일을 도와주시므로 형통한 복을 받게 됩니다. 모든 것이 해결되는 복이 임하게 됩니다.

▶ 아이가 살았을 때에 〈사무엘하 12:15-23〉

사랑하는 여러분!
오늘 우리도 반드시 놓치면 안 되는 신앙의 중요한 것이 있습니다. 그것은 바로 내세신앙, 부활신앙입니다. 우리에게 부활신앙이 없다면 다가오는 죽음을 이겨내지 못하고 두려워 떨 수밖에 없습니다. 오늘 이 시간 내세신앙, 부활신앙을 붙들고 죽음의 절망을 이겨냅시다!

내세신앙, 부활신앙을 가지려면,
① 가장 먼저 구원의 확신을 가져야 합니다.
   지금 이 시간 내가 예수님의 보혈로 죄 씻음을 받았고 새롭게 되었는지 점검해야 합니다. 구원의 확신은 천국신앙의 시작입니다.
② 살아있을 때 믿음으로 하루하루 최선을 다하여 살아가십시오! 천국신앙을 가진 자는 하루하루가 헛되지 않습니다.
③ 현실에 너무 집착하여 내일이 없는 자처럼 살아가지 마십시오! 천국신앙을 가진 자는 오늘을 즐기는 자입니다.
④ 오늘 천국에서 받을 상급을 소망하고 준비하는 시간으로 삼으십시오! 아직 살아있음은 내세에 누릴 상급을 준비하는 기회를 주신 것입니다.
⑤ 반드시 천국에서 영생한다는 믿음으로 죽음을 정복하십시오! 죽음은 과정입니다. 절대로 끝이 아닙니다. 우리에게는 분명한 천국과 상급이 있습니다, 예수님의 부활을 붙들고 죽음을 이겨내십시오!

다시 한 번 믿음으로 천국신앙을 꼭 붙잡으시길 바랍니다!

천국신앙은 오늘 나에게 강하고 담대한 삶을 살아가게 합니다. 어떤 문제 앞에서도 물러서지 않는 강철신앙으로 무장하게 합니다. 천국신앙은 내 인생의 마지막 순간까지 나를 행복하게 합니다. 다시 만나는 소망이 있기에 죽음 앞에서도 찬양을 하게 합니다.

▶ 반석을 치라 〈출애굽기 17:1-7〉

사랑하는 여러분!
우리도 반석을 쳐서 문제를 해결 받아야 합니다.
오늘 우리가 쳐야 할 반석은 바로 특별 새벽기도회입니다.
이번 주부터 시작되는 특별 새벽기도회에 나와서 예수 그리스도의 이름으로 구하는 것이 반석을 치는 것입니다. 새벽마다 나와서 이 반석을 치는 자마다 하나님께서 문제를 해결하시는 은혜를 주십니다.

특별 새벽기도회에 빠지지 않고 나오시려면,
① 이번 주간은 평소 때보다 더 일찍 잠자리에 들어야 합니다.
② 알람시계를 두 개 이상 준비하셔서 따로따로 간격을 두고 울리도록 하십시오! 꼭 자리에서 일어나 걸어가서 시계를 멈출 수 있도록 거리를 두어야 합니다.
③ 구역장은 아침마다 구역 식구들이 일어날 수 있도록 알람을 울려주십시오!

④ 어린아이들까지 모든 가족들이 함께 참석하도록 하십시오!
⑤ 기도 제목을 분명히 정하시고 새벽마다 믿음으로 힘써 구하십시오! 곧바로 출근하시는 분들을 위해서 아침식사를 간단히 교회식당에서 준비하겠으니 참고하시고 꼭 새벽기도회에 참석하시기 바랍니다.

이번 특별 새벽 기도회에 나와서 반석을 치는 자는
① 누구든지 생수가 터지는 역사를 반드시 체험할 것입니다.
② 새벽마다 새 힘을 주셔서 어떤 피곤도 이기게 하시고, 특별히 질병의 문제를 가진 자는 치유와 회복의 기적을 주십니다.
③ 예수님의 권세로 이기는 자의 삶을 살게 하십니다(요 14:13-14).

결단을 잘 시키려면 설교자의 확신지수가 중요합니다. 얼마나 설교자가 확신을 가지고 결단을 주는가에 따라서 청중도 결단에 임하는 정도가 달라진다는 것을 잊지 말아야 합니다.
설교자의 표현력도 매우 중요합니다. 플러스적인 표현과 마이너스적인 표현이 있습니다. 이를 잘 사용해야 합니다.

예를 들자면, "이번 특별 기도회에 나오시면 큰 기적이 일어납니다"는 플러스적인 표현입니다. "이번 특별기도회에 나오지 않는 사람은 하나님이 준비하신 큰 기적의 주인공이 될 수 없습니다"는 마이너스적인 표현입니다. 이런 표현들을 충분한 연습을 통하여 자유롭게 구사할 수 있으면 결단은 더 좋은 결과를 가져옵니다.

The Core of the Preac

보여주는
설교

제8장
설교 만들기

지금까지 이 책을 통하여 익혀 온
모든 과정들을 복습하고
내 것으로 삼기 위해서
다음 열가지 본문들을 통하여
설교를 직접 만들고 연습해 봅시다.
익숙하지 않은 설교자들을 위해서
본문의 핵심적인 관점을 정리해 놓았습니다.
이 핵심적인 관점을 각 프레임의 기능을
이해하면서 자신의 설교로 꾸며가면 됩니다.

	시편 14:1~7 / 어리석은 자
F2	무엇이 문제인가? 설교를 이끄는 핵심을 제시하라. 핵심적인 관점이 청중입장에서 어떤 문제를 갖게 하는지를 드러내라.
F3	핵심적인 관점으로 하나님은 우리에게 어떤 해결을 주시는가? 그 시대와 오늘 우리에게 주시는 분명한 메시지와 하나님을 보여주라.
F4	오늘 현 청중이 핵심적인 관점을 통하여 해결 받아야 할 문제와 해결 방안을 주라.
F5	현 청중이 핵심적인 관점을 중심으로 결단할 수 있도록 ITEM과 구체적인 방법을 제시하고 복으로 마무리 하라.

	고린도후서 3:1~5 / 편지
F2	무엇이 문제인가? 설교를 이끄는 핵심을 제시하라. 핵심적인 관점이 청중입장에서 어떤 문제를 갖게 하는지를 드러내라.
F3	핵심적인 관점으로 하나님은 우리에게 어떤 해결을 주시는가? 그 시대와 오늘 우리에게 주시는 분명한 메시지와 하나님을 보여주라.
F4	오늘 현 청중이 핵심적인 관점을 통하여 해결 받아야 할 문제와 해결 방안을 주라.
F5	현 청중이 핵심적인 관점을 중심으로 결단할 수 있도록 ITEM과 구체적인 방법을 제시하고 복으로 마무리 하라.

	사사기 16:15~22 / 나실인(삼손)
F2	무엇이 문제인가? 설교를 이끄는 핵심을 제시하라. 핵심적인 관점이 청중입장에서 어떤 문제를 갖게 하는지를 드러내라.
F3	핵심적인 관점으로 하나님은 우리에게 어떤 해결을 주시는가? 그 시대와 오늘 우리에게 주시는 분명한 메시지와 하나님을 보여주라.
F4	오늘 현 청중이 핵심적인 관점을 통하여 해결 받아야 할 문제와 해결 방안을 주라.
F5	현 청중이 핵심적인 관점을 중심으로 결단할 수 있도록 ITEM과 구체적인 방법을 제시하고 복으로 마무리 하라.

	창세기 40:9~23 / 잊어버리다
F2	무엇이 문제인가? 설교를 이끄는 핵심을 제시하라. 핵심적인 관점이 청중입장에서 어떤 문제를 갖게 하는지를 드러내라.
F3	핵심적인 관점으로 하나님은 우리에게 어떤 해결을 주시는가? 그 시대와 오늘 우리에게 주시는 분명한 메시지와 하나님을 보여주라.
F4	오늘 현 청중이 핵심적인 관점을 통하여 해결 받아야 할 문제와 해결 방안을 주라.
F5	현 청중이 핵심적인 관점을 중심으로 결단할 수 있도록 ITEM과 구체적인 방법을 제시하고 복으로 마무리 하라.

	요나 2:1~10 / 물고기 뱃속에서
F2	무엇이 문제인가? 설교를 이끄는 핵심을 제시하라. 핵심적인 관점이 청중입장에서 어떤 문제를 갖게 하는지를 드러내라.
F3	핵심적인 관점으로 하나님은 우리에게 어떤 해결을 주시는가? 그 시대와 오늘 우리에게 주시는 분명한 메시지와 하나님을 보여주라.
F4	오늘 현 청중이 핵심적인 관점을 통하여 해결 받아야 할 문제와 해결 방안을 주라.
F5	현 청중이 핵심적인 관점을 중심으로 결단할 수 있도록 ITEM과 구체적인 방법을 제시하고 복으로 마무리 하라.

마가복음 12:41~44 / 보시고	
F2	무엇이 문제인가? 설교를 이끄는 핵심을 제시하라. 핵심적인 관점이 청중입장에서 어떤 문제를 갖게 하는지를 드러내라.
F3	핵심적인 관점으로 하나님은 우리에게 어떤 해결을 주시는가? 그 시대와 오늘 우리에게 주시는 분명한 메시지와 하나님을 보여주라.
F4	오늘 현 청중이 핵심적인 관점을 통하여 해결 받아야 할 문제와 해결 방안을 주라.
F5	현 청중이 핵심적인 관점을 중심으로 결단할 수 있도록 ITEM과 구체적인 방법을 제시하고 복으로 마무리 하라.

	누가복음 15:11~24 / 가서(떠나다)
F2	무엇이 문제인가? 설교를 이끄는 핵심을 제시하라. 핵심적인 관점이 청중입장에서 어떤 문제를 갖게 하는지를 드러내라.
F3	핵심적인 관점으로 하나님은 우리에게 어떤 해결을 주시는가? 그 시대와 오늘 우리에게 주시는 분명한 메시지와 하나님을 보여주라.
F4	오늘 현 청중이 핵심적인 관점을 통하여 해결 받아야 할 문제와 해결 방안을 주라.
F5	현 청중이 핵심적인 관점을 중심으로 결단할 수 있도록 ITEM과 구체적인 방법을 제시하고 복으로 마무리 하라.

	사도행전 7:54-60 / 돌리지 마옵소서	
F2	무엇이 문제인가? 설교를 이끄는 핵심을 제시하라. 핵심적인 관점이 청중입장에서 어떤 문제를 갖게 하는지를 드러내라.	
F3	핵심적인 관점으로 하나님은 우리에게 어떤 해결을 주시는가? 그 시대와 오늘 우리에게 주시는 분명한 메시지와 하나님을 보여주라.	
F4	오늘 현 청중이 핵심적인 관점을 통하여 해결 받아야 할 문제와 해결 방안을 주라.	
F5	현 청중이 핵심적인 관점을 중심으로 결단할 수 있도록 ITEM과 구체적인 방법을 제시하고 복으로 마무리 하라.	

마태복음 2:19-23 / 나사렛 사람

F2 무엇이 문제인가? 설교를 이끄는 핵심을 제시하라. 핵심적인 관점이 청중입장에서 어떤 문제를 갖게 하는지를 드러내라.

F3 핵심적인 관점으로 하나님은 우리에게 어떤 해결을 주시는가? 그 시대와 오늘 우리에게 주시는 분명한 메시지와 하나님을 보여주라.

F4 오늘 현 청중이 핵심적인 관점을 통하여 해결 받아야 할 문제와 해결 방안을 주라.

F5 현 청중이 핵심적인 관점을 중심으로 결단할 수 있도록 ITEM과 구체적인 방법을 제시하고 복으로 마무리 하라.

마태복음 14:3~12 / 세례요한(죽음)	
F2	무엇이 문제인가? 설교를 이끄는 핵심을 제시하라. 핵심적인 관점이 청중입장에서 어떤 문제를 갖게 하는지를 드러내라.
F3	핵심적인 관점으로 하나님은 우리에게 어떤 해결을 주시는가? 그 시대와 오늘 우리에게 주시는 분명한 메시지와 하나님을 보여주라.
F4	오늘 현 청중이 핵심적인 관점을 통하여 해결 받아야 할 문제와 해결 방안을 주라.
F5	현 청중이 핵심적인 관점을 중심으로 결단할 수 있도록 ITEM과 구체적인 방법을 제시하고 복으로 마무리 하라.